너와 함께 인천 **섬** 여행

너와 함께
인천 **섬** 여행

양소희 지음

프롤로그

바다가 되는 꿈, 파도가 되는 꿈, 바다의 별이 되는 꿈

바람을 따라 흘러 다니는 여행자로 지낸 지도 어느덧 13년이 지났다. 올 해 나의 인생 여정은 섬을 향해 바람이 불었다. 우리나라는 3천여 개의 크고 작은 섬으로 둘러싸여 있고 인천에 속하는 서해의 섬은 대략 180여 개이다. 이 가운데 사람이 사는 섬은 40여개. 인천지역 유인도를 모두 가 보겠다는 야심찬 목표를 정하고 인천항에서 가장 먼 섬부터 여행을 시작했다. 매일 배를 타고 섬으로 들어가 잠을 청하고 섬에서 해를 맞으며 섬을 떠돌았다.

섬은 정말 신기했다.
섬은 뭍에서 돌아가는 시간과는 다른 시간으로 흐르고 있었다. 하나의 섬에서도 완벽하게 다른 두 개의 세상이 존재했다. 물이 들어와 섬을 떠받치고 있는 출렁이는 공간과 물이 멀리 가 버리고 난 후 드러난 땅은 경이로웠다. 심지어 바다 밑에 섬을 숨겨 두었다가 제한된 시간만 하늘 아래 내어놓는 풀등은 섬 여행에 푹 빠져버릴 수밖에 없게 만드는 매력이었다. 바다에 의지해 착하게 살아내고 있는 섬사람들을 만났다. 그들은 모두 시간여행의 전문가였다. 달이 차고 기울면서 만든 그 흐름에 맞춰 지혜롭게 살아가고 있었다. 외딴 섬의 삶일지라도 그저 묵묵히 살아가는 의연함을 배우고 싶었다.

섬에서 참으로 많은 만남이 있었다.
안개로 섬에 발이 묶여 여러 날을 빈둥거리기도 했다. 뭍은 꽃이 다 져버렸는데 한발 늦게 오는 섬의 계절로 들어가 활짝 핀 벚꽃 오솔길을 한없이 걷는 호사를 누렸다. 먼 바다에서 불어오는 강풍으로 움츠리는 섬에서의 하룻밤도 있었다. 분명 바람은 잔잔한데 배가 흔들렸다. 바다는 본래 하나이기 때문에 수만 리 먼 바다 깊은 곳에서 보내오는 파장을 섬사람들은 몸으로 알아채 다가올 폭풍을 준비했다. 뭍에서 온 사람들이 마구 버리고 간 쓰레기와 매일 씨름을 하는 섬사람들의 맘고생도 보았다.

세상으로 힘차게 나갈 때 그 중심에 서해의 섬들이 있었다.

인천의 섬들을 구름처럼 떠돌아다니다가 집으로 돌아왔다. 책상에 앉아 원고작업을 하면서 '왜 이제야 서해의 섬을 알게 되었나.' 뒤늦은 발걸음을 탓했다. 고대부터 고려시대까지 이 땅에 살았던 우리 조상들은 바다를 통해 세계와 소통하며 세계문화를 향유했다. 해양왕국이었던 백제가 있었고, 통일신라의 장보고는 청해진을 거점 삼아 아시아의 무역을 주름 잡았다. 바다를 통해 일본, 중국, 동남아, 인도를 넘어 아라비아, 페르시아, 유럽까지 소통했다. 세상으로 힘차게 나갈 때 그 중심에 서해의 섬들이 있었다. 그러나 고려 말부터 조선시대에 이르러 공도(空島)정책을 펴면서 세계와 소통하던 서해 관문은 굳게 닫히고 말았다. 이후 현재까지 서해 섬들은 세계와 단절된 채 그 가치를 인정받고 있지 못해 안타깝다.

섬은 독특함으로 빛나는 바다의 별

섬이 많은 우리나라에는 저마다 개성 돋는 섬들이 참 많다. 그 중에서도 서해의 섬들은 사람 손이 덜 닿아 자연이 그대로 살아있다. 손에 잡힐 듯 가까이에 있는 섬들도 가서 보면 서로 참 달랐다. 수많은 섬들이 서해에서 고개를 내밀고 반짝이며 자기 자리를 지키고 있었다. 섬들은 섞일 듯 섞이지 않는 독특함으로 빛나는 바다의 별이었다. 육지에서는 볼 수 없는 보석 같은 경관이 아직까지 덜 알려져 서해의 섬들은 찾는 발걸음이 적다. 섬은 가기도 어렵고 먹고 자기도 불편한 곳이라는 잘못된 편견 때문이다. 인생시계를 잠시 느슨하게 돌려놓고 섬으로 가보자. 서해의 섬들은 순순한 얼굴로 여행자를 따스하게 반겨준다.

양소희 작가

CONTENTS

Prologue
바다가 되는 꿈, 파도가 되는 꿈, 바다의 별이 되는 꿈

PART1 자전거여행이 즐거운 북도면
신도 12 시도 18 모도 23 장봉도 26

PART2 시인 기형도의 고향 연평도
안보교육장 36 평화공원 38 조기역사관 40
충민사 44 병풍바위·가래칠기해변 48
망향전망대 50 소연평도 34

PART3 그곳에 있어줘서 고마워 백령도
두무진 58 심청각 66
사곶해변 72 콩돌해변 76

PART4 바다와 소나무가 함께 노래하는 푸른 섬 대청도
소나무숲 86 해수욕장 94 동백나무자생북한지 98
모래사막 102 매바위전망대 104 서풍받이 소청도 108

PART5 신이 만들어 준 선물 덕적면
덕적도 118 소아도 128 지도·문갑도 129
백아도·선미도 130 울도·굴업도 131

PART6 아름다운 달이 차고 기우는 자월면
자월도 137 승봉도 146 이작도 154

PART7 CNN이 선정한 아름다운 섬 영흥면
영흥도 172 십리포해변 174 해군영흥도전적비 176
통일사 179 선재도 180 목섬·측도 181

PART8 옹진의 맛 184

강화도

THEME1 역사 속으로 떠나는 시간여행
고인돌·고려산 192 마니산 194
고려궁지(강화유수부) 196 강화향교 197

THEME2 생각을 멈추고 걷는 길
전등사(삼랑성) 202 정수사 208 적석사 210 백련사·청련사 212
국제연등선원 템플스테이 213 대한성공회강화성당 214

THEME3 천천히 돌아볼 때 즐거운 여행
동막해변(분오리돈대) 220 장화리 일몰조망지 222
함허동천 223

THEME4 시간가는 줄 모르는 옛이야기
용흥궁(철종외가) 226 봉천탑·석조여래입상 228 이건창생가 229

THEME5 가슴으로 듣는 강화요새길
강화산성 232 광성보 234 갖곶돈대 236 초지진 237
덕진진 238 연미정(월곶돈대) 239 강화평화전망대 240

THEME6 내 아이가 똑똑해지는 공부여행
강화역사박물관 245
강화자연사박물관·강화전쟁박물관·옥토끼우주센터 246
강화갯벌센터·화문석 박물관 247

THEME7 강화도를 둘러싼 주변 섬 여행
석모도 250 교동도 254 볼음도 258
주문도 259 아차도 260 동검도·서검도 261

THEME8 강화의 맛 263

내 곁에 있는 가까운 섬
팔미도·작약도 269
무의도·실미도 270 세어도 271

PART 1

자전거여행이 즐거운
북도면

신도 | 시도 | 모도 | 장봉도

북도면 가는 길

대중교통 동인천역 좌석 307번 ▶ 삼목선착장 하차

자가운전 영종대교 화물터미널 방향 ▶ 삼목선착장
영종도 신공항 ▶ 삼목선착장 도착
인천대교 고속도로 송도IC ▶ 삼목지하차도 진입 ▶ 삼목선착장

해상교통 세종해운 032)751-2211 www.sejonghaeun.com
한림해운 032)881-7074
삼목 ▶ 신도 경유 10분 소요 ▶ 장봉도 30분 소요

자전거여행이 즐거운

북도면

북도면(北島面)의 유인도 섬은 신도(信島), 시도(矢島), 모도(茅島), 장봉도(長峰島) 4곳으로 삼목선착장에서 신도를 거쳐 장봉도까지 운항하는 배편이 있다. 북도면의 전체 면적은 17.64㎢이며 무인도 10곳을 포함해 총 14개 도서가 있다. 2016년 1월 기준으로 북도면 전체 인구는 약 2,300명이며 이곳에서 출토된 토기와 유물로 미루어 신석기시대부터 사람이 살았던 것으로 추정된다. 고려시대에는 강화도에 속해 있었으나 1995년 3월 1일 경기도에서 인천광역시로 편입되었다. 서울에서 비교적 근거리에 위치한 북도면은 새로운 섬 관광지로 주목을 받고 있다.

사이좋은 삼형제 섬 신도, 시도, 모도

신도, 시도, 모도는 인천광역시 옹진군 북도면에 속한 섬으로 이웃한 이 세 섬을 2001년에 연도교(連島橋, 섬과 섬을 잇는 다리)로 사이좋게 이은 후로 삼형제 섬이라고 부른다. 서해에 자전거로 여행하기 좋은 섬들이 많지만 그 중 가장 인기 있는 곳이 바로 삼형제 섬이다. 라이딩을 즐기는 사람들 사이에서도 유명한 곳으로 이 세 섬의 앞글자만 따서 신시모도라고 부른다. 신도선착장에는 자전거 대여소가 있고 대부분의 길이 난이도가 높지 않아 자전거 여행이 편리하다. 가볍게 하루 코스로 자전거 데이트를 즐기는 연인들이 많이 찾아오는 섬이다. 구봉산 정상에서는 영종도(永宗島) 등 서해의 섬들을 한눈에 굽어볼 수 있으며, 연도교가 설치되어 세 섬을 편리하게 이동할 수 있게 되었다.

삼형제 섬으로 가는 길

삼형제 섬 여행을 하려면 우선 영종도에 있는 삼목선착장에서 배를 타야한다. 서울에서 대중교통을 이용할 경우에는 지하철 운서역에서 하차 후 201번, 307번 버스를 타고 삼목선착장으로 간다. 영종도 삼목선착장에는 세종해운과 한림해운이 신도를 거쳐 장봉도까지 운항하는 여객선을 약 30분 간격으로 운항하고 있다. 주말 및 휴가철에는 수시로 증회 운항한다. 배 타는 시간은 약 10분 정도로 매우 가까운 거리이다. 신도선착장에서 내려 신도에서부터 여행을 시작한다. 신도에서 삼목선착장으로 돌아오는 마지막 배 시간은 오후 9시 50분으로 되어있으나 평일과 주말 그리고 기상 및 선박 사정에 따라 달라진다. 신도에 도착하면 나오는 배 티켓을 구매한 후 배 시간에 맞춰 여행하는 것이 좋다. 신도선착장에 도착하면 세 개의 섬을 순회하는 공영버스가 여객선 도착시간에 맞춰 기다리고 있다. 이 버스를 이용하려면 현금 천원을 준비해야 한다. 선착장 주변에는 자전거 대여소가 여러 곳 있어 편리하게 자전거를 빌릴 수 있다. 신시모도는 차를 가져오지 않아도 여행할 수 있는 에코섬이다.

신도 벚꽃산이라 불리는 구봉산

인천광역시에서 북서쪽으로 14km, 강화도에서 남쪽으로 5km 떨어진 지점에 있는 삼형제섬은 영종도와 강화도의 중간 바다에 나란히 줄을 지어 위치하고 있다. 전에는 각각 배를 타고 가야하는 섬이었지만 연도교가 놓인 후로는 세 섬을 한꺼번에 여행할 수 있게 되었다. 세 개의 섬으로 가는 길에 처음으로 만나게 되는 섬은 신도로 삼형제섬 중에서 가장 크다. 섬에 도착해 들어가다 보면 넓은 논이 펼쳐져 있어 여기가 육지인가 잠시 착각을 하기도 한다. 신도는 경지면적이 다른 섬에 비해 비교적 넓기 때문이다. 신도의 논에서 자라는 벼는 해풍이 키워주어 잘 자라기 때문에 주민들은 주로 농사를 지으면서 어업도 겸하고 있다. 신도 중심에 우뚝 솟아 있는 구봉산(九峰山)은 해발 178.4m로 북도면에서 가장 높은 산이다. 산봉우리가 아홉 개라 하여 이름 붙여진 구봉산은 벚꽃으로 유명하다. 구봉산의 벚꽃이 장관이라 신도를 벚꽃섬이라고 부르는 사람도 많다. 구봉산에 봄이 찾아오면 7300여 그루의 벚나무와 진달래가 흐드러지게 피어 꽃잔치를 벌인다. 불어오는 해풍으로 땀을 식히며 꽃이 만발한 구봉산 등산로를 따라 1시간 정도 오르면 정상지점에서 기다리고 있는 반가운 구봉정을 만난다. 여기에서는 형제섬인 시도, 모도뿐 아니라 영종도, 인천대교, 송도신도시와 인천국제공항까지 한 눈에 들어온다. 구봉정 정상에 밤이 찾아오면 반짝이는 야경이 매우 아름다워 해가 지는 시간에 맞춰 산에 오르는 사람들도 많다. 구봉산에서 빠뜨리지 말고 들려야할 곳은 구봉산 북쪽 등산로 중턱에 있는 성지약수터이다. 이 약수는 가뭄에도 절대 물줄기가 마르지 않는 자연 암반수로 유명하다. 등산객의 피로를 말끔히 씻어주는 이 물은 마시면 아들을 낳게 해준다는 전설이 전해 온다. 구봉산 산책로는 대체로 경사가 완만하고 1~2시간 코스의 다양한 등산 코스가 있어 남녀노소 편리하게 오를 수 있는 곳이다.

카페 작은 언덕 로마

퇴직하고 제2의 인생을 신도에서 시작한 부부가 운영하고 있는 마음이 따뜻해지는 카페이다. 커피의 맛이 탁월하고 베이글 등 간단한 음식들도 가능하다. 신도에서 시도로 향해 가는 길 대로에 위치해 있어 찾기 쉽다. 막내 섬인 모도까지 여행 한 후 선착장으로 가는 길에 들려 여행을 마무리해도 좋고 여행을 시작하면서 들러 삼형제 섬에 대한 여행 정보를 얻어 가도 좋다. sindo-romacafe.com

신·시도 연도교

신도와 시도를 연결하는 연도교의 길이는 579m로 1992년에 완공되었다. 육지 사람들 생각으로는 이렇게 가까운 거리인데 다리가 필요했을까 의아할 수도 있겠지만 손을 내밀면 잡을 듯한 거리의 섬일지라도 섬의 특성상 물때에 따라 왕래에 큰 어려움이 있다. 연도교의 완공으로 두 섬은 하나의 섬이 되었고 누구나 가고 싶을 때는 기다리지 않고 바다 바람을 가르며 시도로 쉥~하고 달려 갈 수 있게 되었다. 낮에는 연도교 다리 위에서 물이 빠져 바닥이 훤히 드러나는 드넓은 갯벌을 볼 수 있다. 오후에는 물이 차오른 해안가 풍경을 볼 수 있으며 해가 지고나면 켜지는 가로등 불빛이 바닷물에 비춰 야경이 아름답다.

시·모도 연도교

하루에 두 번 물 밖으로 나타나는 잠수교였던 이 다리는 2002년에 지금의 모습으로 완공되었다.

해변에 물이 빠지면 드넓은 갯벌이 펼쳐지면서 전통적인 어로방식인 '독살'이 그대로 드러나 수기해변만의 독특한 풍경을 만날 수 있다.

시도 드라마 〈풀 하우스〉의 촬영지 수기해변

수기해변에 도착하면 제일 먼저 하트 모양의 표지판이 반겨준다. 수기해변은 배우 송혜교와 비가 출연한 드라마 〈풀 하우스〉의 촬영지로 유명하기 때문이다. 해변에 도착하면 좌우로 나무 그늘막이 잘 설치되어 있어 특별한 장비를 준비하지 않아도 해변의 그늘에서 편안한 휴식을 제공받을 수 있다. 수기해변은 수심이 얕고 경사가 완만하여 어린아이가 있는 가족단위의 여행객도 안전하게 즐길 수 있는 해변이다. 해변에 물이 빠지면 드넓은 갯벌이 펼쳐지면서 전통적인 어로방식인 '독살'이 그대로 드러나 수기해변만의 독특한 풍경을 만날 수 있다. 갯벌에서는 갯벌체험이 즐거운 어린이들과 굴을 채취하는 주민들을 볼 수 있다. 넓은 백사장을 품은 수기 해안길은 삼형제섬 길 중 한 코스로 산책로가 연결되어 있어 산과 바다를 함께 즐길 수 있으며 멀리 바다 건너에는 강화도 마니산이 보인다. 시도는 고려 말 이성계와 최영의 군대가 강화도 마니산에서 시도를 과녁삼아 활쏘기 연습을 했고 그 목표지점이어서 '살섬'이라고도 불렸다고 전해지고 있다. 실제로 당시 사용되었던 것으로 보이는 화살촉이 발견되었다고 하는데 정말 강화도에서 쏜 화살이 5km 떨어진 이 섬까지 왔을까 생각해 보게 된다.

수기해변은 배우 송혜교와 비가 출연한 드라마 〈풀 하우스〉의 촬영지로 유명하다.

북도면의 굴은 크기가 적당하며 맛이 좋고 영양가가 높다.

인천 삼형제섬 길
대한민국 해안누리 53번 노선

언덕이 거의 없어 힘들이지 않고 세 개의 섬을 한 번에 둘러 볼 수 있다는 장점 때문에 평소 트래킹족에게 인기가 많았던 삼형제 섬(신도, 시도, 모도)이 이번에 대한민국 해안누리 53번 노선으로 지정되어 도보여행에 적합한 섬으로 공인받았다. 발걸음이 닿는 곳마다 시시각각 변화하는 갯벌과 바다의 모습을 즐길 수 있는 걷기 좋은 길이다.

*거리 및 소요시간: 약 9.5km (편도 3시간 소요)

*주요 노선: 신도 선착장 ▶ 구봉산 등산로 입구 ▶ 임도사거리 ▶ 구봉재 ▶ 신도1리 마을회관 ▶ 신·시도 연도교 ▶ 해당화 꽃길 ▶ 슬픈연가 촬영지 ▶ 수기해변 ▶ 수기전망대 ▶ 한국전력공사 ▶ 시·모도 연도교 ▶ 모도리공원

드라마 <슬픈 연가> 촬영지 개질

아름다운 영혼을 지닌 네 남녀의 순애보를 그린 드라마 <슬픈연가>는 배우 권상우, 김희선, 연정훈 등 당시 최고의 스타들이 열연해 인기가 높았던 드라마이다. 슬픈연가 촬영지는 신·시도 연도교를 건너자마자 우회전해서 시도염전을 지나면 나오는 시도 개질 언덕에 있다. 슬픈연가 드라마를 촬영했던 2005년 이후 사람이 살지 않은 채 10여 년이 지나 기대를 하고 간다면 실망할 수도 있다. 건물 내부도 드라마 촬영 당시 그대로이지만 너무 낡은 건물이라 위험하지 않을까 걱정이 된다.

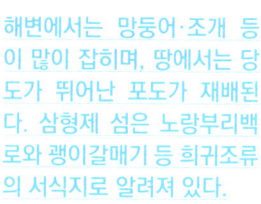

해변에서는 망둥어·조개 등이 많이 잡히며, 땅에서는 당도가 뛰어난 포도가 재배된다. 삼형제 섬은 노랑부리백로와 괭이갈매기 등 희귀조류의 서식지로 알려져 있다.

그리움의 꽃 해당화 꽃길

"해당화가 곱~게 핀 바닷가에서~~"

동요 속에 나오는 해당화는 5월부터 7월까지 우리나라 어느 집 마당에서나 쉽게 보던 꽃이었다. 이 꽃이 약이 된다고 알려지면서 뿌리째 뽑혀나가 멸종 단계까지 갔었고 이제 도시는 아파트 생활이 대부분이니 더더욱 해당화를 볼 일이 없어지고 말았다. 그런데 삼형제 섬에 가면 신도 고남리 해당화 꽃길, 시도 시도리 해당화 꽃길, 모도 띠염 해당화 꽃길에서 해당화를 만날 수 있다. 섬에 가면 해당화처럼 우리 곁에서 슬그머니 사라진 것들을 만날 수 있어 반갑다. 삼형제 섬에 가면 진분홍 해당화가 곱~게 핀 바닷가 풍경 속으로 걸어가 보자.

시도 바다에서 나는 하얀꽃, 시도염전의 천일염

1883년 제물포 개항과 함께 일제강점기에 항만이 건설되고 천일염전이 인천에 만들어지면서 인천은 염전의 대명사가 되었다. 〈인천 개항 100년사〉(1983년)에 보면 소금 한가마니의 가격이 쌀 한가마니와 같았다고 한다. 이제는 오래된 옛날이야기에 지나지 않지만 소금은 동서양을 막론하고 매우 귀한 대접을 받았었다. 한자에서 소금 염(鹽)이라는 글자는 신하가 귀하게 소금을 그릇에 담아 가지고 있는 형상이며 군인을 뜻하는 Soldier는 고대 로마 병사의 월급을 소금으로 지급한 데서 유래했다. 인천이 짜다는 인식도 염전에서 나왔다고 하는데 다 옛말이 되었다. 이제 인천의 염전은 시도의 시도염전과 석모도의 삼량염전, 백령도의 화동염전 정도가 명맥을 잇고 있을 뿐이다. 이 염전들도 언제 그 모습을 감출지 알 수 없다. 노동은 고되고 가격은 낮으니 일하려고 나서는 젊은 사람이 없기 때문이다. 음식에서 빠지면 안 되는 소금은 요리의 맛을 좌우한다. 시도염전의 천일염은 섬이라는 자연 방벽이 도시오염을 차단하고 있어 맛이 깨끗해 멀리에서도 사러오는 사람들이 많다. 시도의 뜨거운 햇볕과 바다로부터 밀려오는 해풍 그리고 염부의 정성이 만들어주기 때문이다. 바다에서 나는 하얀 꽃, 시도염전 소금을 오래도록 맛볼 수 있기를 바란다.

모도 배미꾸미 조각공원

배미꾸미란 이 곳 해변의 모양이 배 밑구멍처럼 생겼다고 해서 붙여진 이름이다. 조각가 이일호는 배미꾸미 해변의 풍경에 반해 작업실을 이곳에 옮겨 작업을 하면서 완성된 작품을 해변에 하나 둘 늘어놓게 되었고 그렇게 해서 자연스레 지금의 배미꾸미 조각공원이 만들어졌다고 한다. 배미꾸미해변에 위치한 조각공원은 모두 한 사람의 작품이다. 사람들이 아름다운 바다 풍경과 어우러진 조각을 감상하기를 즐겨하면서 입소문이 나 이제는 삼형제 섬을 찾는 사람들의 필수 여행코스가 되었다. 방문객들이 많아지면서 작업실을 카페로 운영하고 있어 차 한 잔 마시며 여유를 즐기기 좋다.

작가노트

여행지로 섬이 좋은 이유는 뭘까?
섬은 사람들의 손이 덜 닿아 자연이 그대로 살아있기 때문이다. 그 곳에 사는 섬사람들 역시 순수한 자연과 많이 닮아 있다. 신도(信島)라는 이름은 이곳에서 살고 있는 사람들이 착하고 신의가 있다는 뜻에서 유래되었다. 예전에는 이곳에서 천일염이 아니라 바닷물을 농도 짙은 간수로 만든 후 가마솥에다 불을 때서 졸여 만든 소금을 만들어 팔았다. 여기의 소금은 맛도 좋고 분량을 속이지 않고 팔아 진짜 소금만 생산하는 믿을 만하다 하여 진염(眞鹽)이라고 했다. 신시모도는 아무 생각 없이 그냥 걷기만 해도 도시생활의 때를 털어내고 순수한 내가 되어 집으로 돌아갈 수 있게 만들어준다. 몸과 마음이 한결 가벼워짐을 바로 느끼니 다시 찾고 싶은 섬이 된다. 연인과 함께 혹은 가족과 함께 팔짱을 끼고 도란도란 이야기를 나누며 해당화가 피어있는 신시모도를 걸어보자. 세상 그 누구도 부럽지 않는 행복한 시간을 만나게 될 것이다.

인어아가씨의 전설 **장봉도**

장봉도는 동서의 길이가 약 9km, 남북의 폭은 1~1.5km로 되어있는 섬이다. 장봉도 서쪽 끝 약 4km 거리 해상에는 무인도인 동만도와 서만도가 있다. 섬의 중앙지점에 해발 149m의 국사봉을 중심으로 높고 낮은 외줄기 능선이 동서로 길게 뻗어있어, 길다는 의미의 장(長)과 봉우리 봉(峰) 글자를 사용하여 장봉도라 부르게 되었다고 한다. 장봉도를 찾는 등산객들은 대부분 삼림욕을 하면서 바다풍경을 즐길 수 있는 장봉도의 주능선 임도를 걷기 위해 온다. 장봉 선착장에서 시작해 상산봉과 국사봉, 봉수대를 지나 가막머리까지 걷는 길은 총 12.1km이다.

장봉도는 예로부터 어장으로 유명해서 우리나라 3대 어장으로 손꼽혔다. 그래서일까? 풍부한 어장에 관한 재미있는 전설이 전해오고 있다. 어느 마음씨 착한 어부가 장봉도에 살았는데 며칠째 고기가 통 잡히지 않았다. 그러던 어느 날 그물에 묵직한 것이 느껴져 들어 올려보니 어떤 여자가 그물 속에서 꿈틀거리고 있었다. 해녀인가 하고 다시 눈을 씻고 보니 허리 아래는 물고기인 인어였다. 울고 있는 인어아가씨를 본 마음 착한 어부는 그물 안에서 꺼내 다시 바다로 보내 주었다. 그 후 어부는 며칠 동안 바람이 심하게 불어 바다에 나가지 못하다가 사흘 후 다시 인어를 잡았던 곳에서 그물을 던졌더니 그물이 찢어질 정도로 고기가 가득 잡혔다. 착한 어부는 근처의 친구 어부들을 불러 모아 그 곳에 그물을 치게 하고 모두 고기를 잔뜩 잡아 집으로 돌아왔다고 한다. 그 다음날도 그 다음날도 고기를 잔뜩 잡혔고 그 뒤로 장봉도에는 계속 고기들이 몰려와 사람들은 이것이 인어가 은혜를 갚기 위해 보내준 선물이라 생각했다고 전한다. 어린 시절 서양의 전래동화에서만 보았던 인어공주가 장봉도에도 있었다고 하니 신기하기만 하다. 마을 사람들은 많은 물고기를 보내주는 은혜 깊은 인어아가씨의 전설을 오래 간직하기 위해 선착장에 장봉도 인어상을 만들어 놓았다.

옹암구름다리

옹암구름다리

장봉선착장에서 독바위 방향으로 걷다보면 장봉도와 작은 멀곶 사이에 놓인 구름다리를 볼 수 있다. 이 구름다리를 건너면 작은 멀곶에 있는 정자에서 쉬면서 장봉도 앞바다의 경치를 감상할 수 있다.

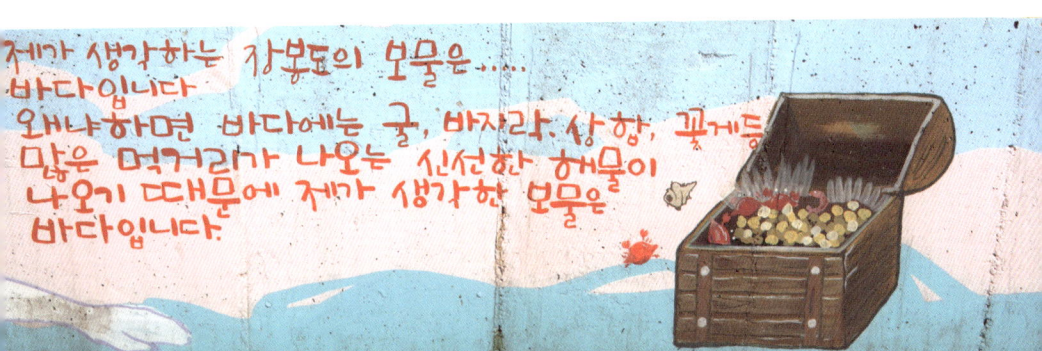

갯벌이 있어 행복한 사람들이 사는 곳 **습지보호구역**

인천국제공항이 개장된 후 각종 개발자들이 장봉도를 포함한 북도면으로 들어 왔다. 광업권자의 끈질긴 회유와 6년 간의 긴 법정소송에도 불구하고 장봉도주민들은 옹진군과 함께 갯벌과 모래톱을 지켜냈다. 그 결과 국토해양부는 2003년 이 일대 갯벌 68.4㎢를 습지보호구역으로 지정했다. 장봉도에는 조개 중 유일하게 회로 즐길 수 있는 상합(백합)의 국내 최대 생산지로 지금도 그 지위를 굳건히 지켜내고 있다. 장봉도 바다에는 바지락이 지천이며 백합, 상합, 굴 등 신선한 어패류가 가득하다. 검은 물떼새 등 조류학자들을 흥분시키는 멸종 위기의 새를 볼 수 있는 자연의 보물섬이다. 자연이 준 갯벌을 주민들이 잘 지켜낸 덕분이다.

진촌해변은 수평선 너머로 서해의 낙조를 감상할 수 있는 해변으로 길이 500m, 폭 50m의 아담한 모래사장에는 예쁜 조개껍데기들이 많이 깔려 있다. 해변에서 오른쪽 길로 가면 대빈창 선착장까지 나무데크 길이 연결되어 있어 물이 들어오는 만조 때에도 안심하고 파도 소리를 들으며 해안길을 산책할 수 있다.

한들해변은 이곳에 머물면 마음이 한없이 고요해 진다고 해서 한들이라고 불린다. 한들해변 뒤로는 해발 65.8m의 나지막한 산이 둘러 있어 쪽빛 바다와 푸른 산이 어우러져 아늑한 분위기를 연출한다. 모래사장에 누워 섬여행의 여유를 만끽할 수 있는 조용한 해변이다.

옹암해변은 장봉도의 대표해변으로 길이 1km의 고운 백사장을 자랑한다. 만조 때에는 해수욕을 즐길 수 있고 간조 때에는 갯벌 체험을 할 수 있다. 해변을 감싸듯 병풍처럼 둘러서 있는 노송들은 뜨거운 태양을 가려주는 그늘막이 되어 캠핑족들이 즐겨 찾는 해변이다.

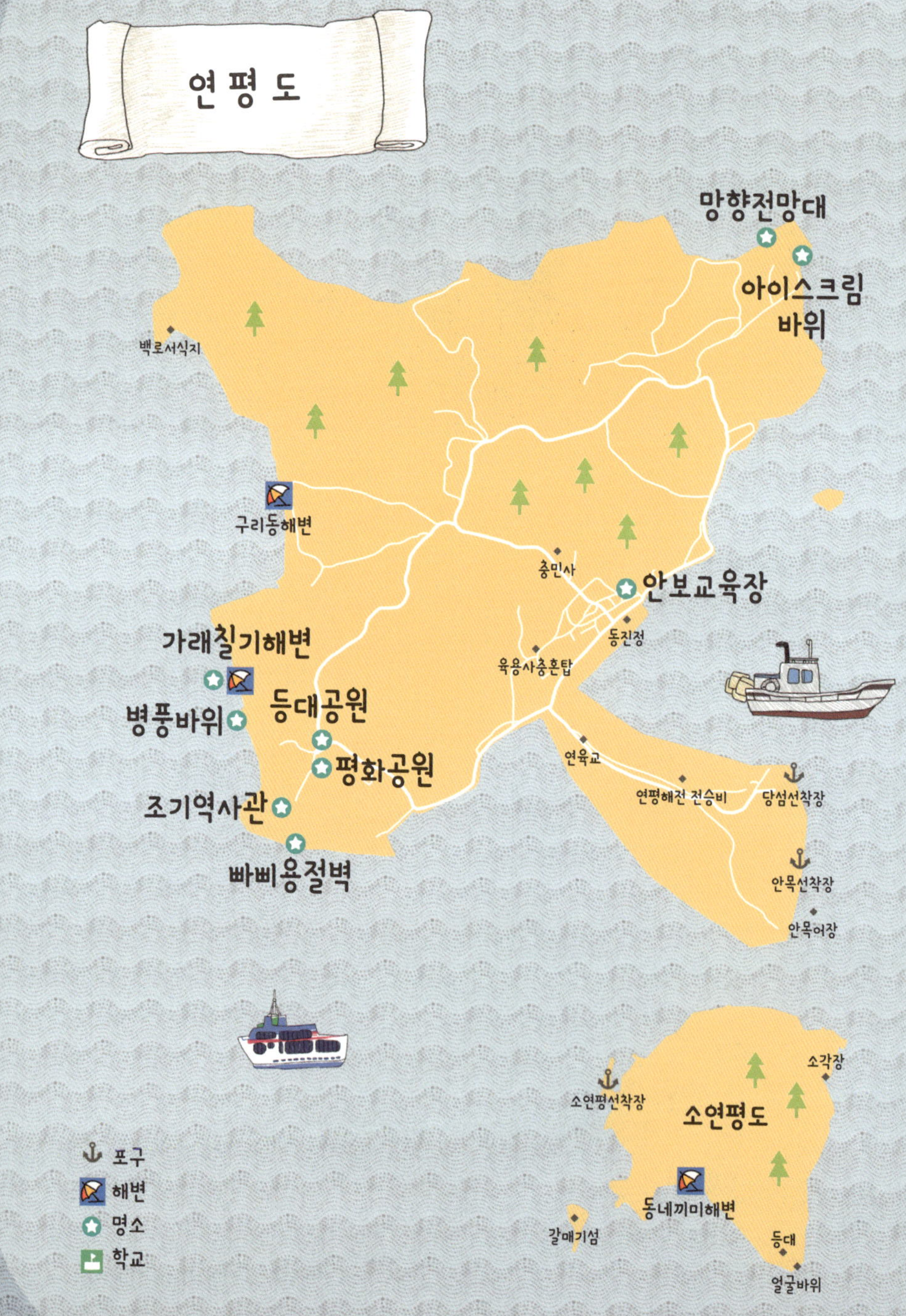

연평도
망향전망대
아이스크림 바위
백로서식지
구리동해변
충민사
안보교육장
동진정
육용사충혼탑
가래칠기해변
등대공원
병풍바위
평화공원
조기역사관
빠삐용절벽
연육교
연평해전 전승비
당섬선착장
안목선착장
안목어장
소각장
소연평선착장
소연평도
동네끼미해변
갈매기섬
등대
얼굴바위
포구
해변
명소
학교

PART 2

시인 기형도의 고향
연평도

안보교육장 | 평화공원 | 조기역사관
충민사 | 병풍바위 | 가래칠기해변
망향전망대 | 소연평도

연평도 가는 길

- **대중교통** 동인천역 24번 ▶ 인천항 여객터미널 약 20분 소요
- **자가운전** 경인고속도로 ▶ 외곽순환도로 ▶ 인천항 연안여객터미널
- **해상교통** 고려고속훼리(주) 1577-2891 www.kefship.com
  1일1회 운항, 운항시간 수시변경, 약 2시간 20분 소요

시인 기형도의 고향
연평도

시를 사랑하는 사람이라면 누구나 기형도 시인을 기억한다. 그러나 그가 태어난 곳이 연평도라는 사실을 아는 사람은 드물다. 뭍에서보다 한 달 늦게 찾아오는 연평의 봄은 마당의 목련이 꽃을 피울 무렵이면 짙은 안개로 침묵한다. 그 깊이는 진공의 우주와 같으며 들떠 미쳐 돌아가는 인간에게 자신을 좀 돌아보라고 충고하는 듯 쉼의 시간을 내어준다.

연평도(延坪島)는 섬의 모양이 길고 평평하게 뻗어 있어 붙여진 이름이라고 한다. 하늘에서 내려다보면 바다 위를 달려가고 있는 기차처럼 생겼다고도 한다. 대연평도는 면적 약 7.3㎢에 약 2천여 명의 주민이 살고 있다. 면적은 작지만 1일 9회 운영하는 버스(032-899-4377)가 운행되고 있으며 길이 잘 정비되어 있어 굳이 차를 가지고 들어가지 않아도 여행을 할 수 있다. 주변에는 대연평도에서 남쪽으로 약 4.5km 지점에 소연평도가 있고 그밖에 4개의 무인도가 함께 어우러져 있다. 면적 0.24㎢인 소연평도의 원래 이름은 대청도·소청도와 같이 크기로 짝을 이루는 이름이 아니었고 섬이 쇠같이 무겁다는 뜻으로 쇠연평도라 부르다가 오늘날의 소연평도가 된 것이라고 한다. 그 말을 뒷받침해 주듯 예전에는 이곳의 돌을 쇠 대신 사용했고, 실제로 해발 214m 높이의 정상부터 해저에 이르기까지 모두 광석으로 이루어진 섬이라고 한다. 소연평도는 구운몽을 지은 저자 김만중이 살았던 곳이라고 전해지고 있다. 문헌기록을 찾을 수는 없지만 세상의 난리를 피해 300여 년 전에 그가 소연평도에 와 살면서 이 곳 사람들에게 글을 가르쳐 주었다고 전해진다.

아이들을 보면 금세 마음이 환해진다.

구리동 해변

연평도의 눈물은 누가 닦아 줄까?

1958년 한반도를 휩쓸었던 태풍 사라호는 한반도 역사상 최악의 태풍으로 기록되고 있다. 그때 희생된 연평도 어민들을 추모하기 위해 만든 노래가 '눈물의 연평도'이다. 당시만 해도 연평도는 전국에서 조기잡이 배들이 몰려들어 우리나라에서 제일 큰 *파시가 열렸기 때문에 피해도 컸다. 태풍으로 부서진 수백 척의 어선과 죽은 어부의 시체가 바다를 뒤덮는 지옥이었다고 한다. 그 때부터 서서히 연평도에서 사라진 조기는 꽃게가 그 자리를 대신하고 있다. 최근에는 연평도 인근 북방한계선에 들어와 조업을 하는 수백 척의 중국어선들 때문에 꽃게가 잡히질 않아 연평도 어민들의 시름은 깊어만 가고 있다.

*고기가 한창 잡힐 때에 바다 위에서 열리는 생선 시장.

눈물의 연평도

조기를 담뿍 잡아 기폭을 올리고 / 온다던 그 배는 어이하여 아니오나
수평선 바라보며 그 이름 부르면 / 갈매기도 우는구나 눈물의 연평도

연평도에 있는 이 노래비는 '갑돌이와 갑순이' 등을 히트시키며 널리 사랑받았던 당시 최고의 인기가수 최숙자가 불러 전 국민을 위로하는 애창곡이 되었다고 한다.

연평도의 눈물이 마르는 날까지 연평도 안보교육장

연평도는 북한의 부포리와는 불과 10km, 석도와는 2.8km로 국방의 전초기지를 담당하고 있는 매우 중요한 섬이다. 북방한계선(NLL)을 마주보고 있는 근거리 접적지역(接敵地域)이면서 북한의 해안포 진지를 지척에 두고 있어 서해바다에서 가장 긴장감이 돌고 있는 군사지역이다. 이러한 지리적 여건 때문에 1999년 6월 15일과 2002년 6월 29일에는 2차례에 걸쳐 북한 경비정의 NLL 침범으로 '연평해전'이 발생했고 이로 인해 한국 해군 6명이 목숨을 잃었고 25명이 다치는 아픔을 겪어야 했다. 6·25 전쟁 이후 해군함정이 최초의 교전을 벌인 사건이었다. 2010년 11월 23일에는 북한이 연평도 군부대와 민가에 150여발의 포격을 가한 '연평도 폭격사건'이 있었다. 당시 불타고 파괴되었던 민가는 복구가 되었지만 연평도 주민들의 상처와 아픔은 쉽게 사라지지 않고 있다. 연평도 안보교육장에 가면 폭격으로 파괴된 민가를 볼 수 있으며 급박했던 당시의 상황을 생생하게 목격할 수 있다. 등대공원과 조기역사관으로 가는 길에 있는 평화공원에는 연평해전과 연평도 폭격사건의 희생자를 위한 위령탑이 있다.

안보교육장 관람시간: 10:00~18:00 / 휴관 매주 월요일 / 입장료: 무료

영화 〈연평해전〉

2015년 6월에 개봉한 영화 〈연평해전〉은 2002년 6월 29일 연평도에서 벌어진 실화를 담고 있다. 한국과 터키의 3, 4위전 경기가 열리던 그날은 대한민국이 월드컵의 함성으로 가득했던 날이지만 연평도 바다에서는 대한민국을 지키기 위해 목숨을 걸고 싸웠던 사람들이 있었다. 실화와 실존 인물을 영화로 재구성한 영화 〈연평해전〉은 현실감과 진정성을 담았다. 이 영화를 본 많은 사람들은 안타까움에 눈물을 흘렸으며 영화를 보는 와중에도 조국을 지키는 분들이 있었기에 우리가 지금 편안하게 지낼 수 있음을 깨닫는 소중한 시간이 되었다고 한다.

평화공원 전사자 위령비

연평해전을 승리로 이끌고 조국을 위해 산화한 영령들을 추모하고 튼튼한 안보를 통한 평화를 염원하는 마음을 담아 조성한 공원이다. 공원 중심에 있는 조형추모비는 용치(龍齒: 용의 치아 모양을 한 바다 방어시설를 형상화한 추모비)로 그 의미를 알고 나면 숙연해진다. 공원 뜰에는 군에서 사용하는 탱크와 장갑차, 헬기를 전시해 안보교육에 활용하고 있다. 조기역사관으로 가는 길에는 병풍바위와 가래칠기해변을 내려다보는 뷰 포인트 시설이 있으며 조기역사관을 지나 곧장 가면 폭 2m, 길이 150m의 연평도 군작전 시설물인 군터널이 있는데 이곳은 군 시설물이지만 일반인에게 공개하고 있어 가 볼만하다. 터널 안은 LED 조명으로 되어 있으며 터널 양 옆에는 옹진군의 과거와 현재를 사진으로 전시하고 있다. 하절기 17:00, 동절기 16:30까지 개방하고 있으니 참고하자.

연평도에서 일어나고 있는 북한과의 분쟁

1951년 11월 군사분계선 설정 당시 육상경계선에 대한 양측 합의는 이루어졌으나 동서 해안의 해상경계선에 대해서는 남북한 사이에 명시적인 합의가 없었다. 이에 유엔군은 서해상에 당시 국제적으로 통용되고 있는 영해 기준 3해리를 고려하고 서해 5개 도서(백령도, 대청도, 소청도, 연평도, 우도)와 북한지역의 개략적인 중간선을 기준으로 북방한계선(NLL)을 설정했지만 그러나 북한 측은 이를 유엔군의 일방적 조치라며 그 효력을 부인하고 있다. 이러한 입장 차이 때문에 서해 해상에서 긴장이 계속되고 있는 것이다.

평화공원에서 내려다 본 병풍바위와 가래칠기해변

하얀색 등대 주변으로 분홍색 벚꽃이 어우러지는 봄날은
일 년 중 연평도에서 가장 아름다운 풍경이라고 한다.

연평도 화양연화(花樣年華)의 기억 조기역사관

당섬선착장에서 연육교를 지나 왼편으로 올라가다보면 산 정상에 궁궐 같은 건물과 함께 조기배가 둥둥 떠 있다. 조기역사관은 선착장 근처에 있어야 하지 않을까? 조기 잡는 배를 왜 바다 근처가 아니라 산꼭대기에다 만들어 놓았을까? 조기역사관에 들어가 전시물을 살펴보면 연평도에 조기가 밀려오던 시절의 영화(榮華)를 알게 된다. 조기는 연평도에 황금시대를 열어 주었다. 1957년에 연평도 전경을 찍은 사진을 보면 진짜 이곳이 연평도인가 의심할 정도로 번화하다. 조기를 잡는 기간은 4월 중순부터 6월 상순까지 약 50일이었는데 전국의 어선들이 연평도로 모여 3천여 척의 배에 선원 수만도 수 만 명이 오고 갔으며 연평도에서는 개도 돈을 물고 다니니 연평도에 가면 돈 자랑하지 말라는 말이 있었다고 한다. 조기파시는 일제 말기 최고 절정을 이루어 큰돈이 몰렸고 돈을 따라 술집과 잡화점이 즐비했다. 1950년대까지 흥청거리던 연평파시는 태풍 사라호가 지나간 이후 조기가 급격히 사라지면서 막을 내렸고 지금은 연평 파출소 옆에서 시작되는 조기파시 탐방로를 걸으며 지나간 과거의 모습을 짐작해 볼 수 있다. 전시관 2층으로 올라가면 사방이 툭 트인 누마루 형태의 전망대가 있다. 이곳에서는 1·2차 연평해전이 벌어졌던 장소를 한 눈에 볼 수 있으며 해질 무렵이면 멀리 북녘 땅을 바라보며 바다로 사라지는 낙조를 감상할 수 있는 일몰 포인트이다. 조기역사관 뒤편으로 가면 추락주의라고 쓰인 푯말 왼쪽으로 빠삐용절벽을 볼 수 있다. 이곳에 온 사람들이 '이 절벽은 영화 〈빠삐용〉의 마지막 장면에서 주인공이 탈출하기 위해 뛰어내린 절벽과 닮았다'고 해서 자연스레 빠삐용절벽이라는 이름이 되었다고 한다. 빠삐용절벽 아래로 푸른 바다와 하얀 백사장이 어우러져 있는 광경은 보는 것만으로도 바다에 빠질 것 같은 아찔함이 있다. 연평도 등대공원은 평화공원 맞은편에 있다. 해방 전후부터 1968년까지 황금의 조기파시를 이루었던 연평도 앞바다에서, 전국에서 모여든 어선의 길잡이로 1960년 3월 첫 점등을 시작으로 찬란한 황금어장을 굽어 비추어 왔다. 1974년 7월 국가안보의 목적으로 일시 소등하게 되었고 1987년 4월 등대로서의 기능이 없어지면서 이제는 조용히 지난 과거를 기억하며 여행자들을 기다리고 있다.

조기역사관 2층에 있는 관광전망대에서는 소연평도, 구지도 그리고 연평해전 현장을 볼 수 있다.

조기역사관이 높은 곳에 터를 잡은 건
조기들이 연평도로 돌아오기를 바라는
염원을 담은 건 아니었을까.
조기역사관에서 연평도의 화양연화를
다시 한 번 꿈꾸어 본다.

배치기소리 배치기소리란 조기잡이 배에서 조기를 퍼 실을 때 함께 부르는 노래다. 풍어를 기원하거나 만선 귀향을 축하하며 흥겹게 부르는 민요로 1985년 2월 1일 '서해안 배연신굿 및 대동굿'이 중요무형문화재 제82-나호로 지정되면서, 인천 지역의 〈배치기소리〉도 그에 포함되어 전승되고 있다. '서해안 배연신굿과 대동굿'은 마을의 평안과 풍어를 기원하는 굿으로, 황해도 해주와 옹진 및 연평도 지역의 마을에서 행하여 왔고, 현재는 인천 지역에서 매년 음력 정월이나 2월 또는 3월에 행하고 있다.

배치기소리
돈 실러가세 돈 실러가세
연평바다로 돈 실러가세

연평바다에 널린 조기
양주만 남기고 다 잡아들이자

뱀자(배임자) 아즈마이 정성 덕에
연평바다에 도장원 했네

나갈 적엔 깃발로 나가고
들어올 적엔 꽃밭이 되었네
연평장군님 모셔 싣고
연평바다로 돈 실러 가세

후렴 : 에-에헤야 에헤 에-에헤 에-에해
　　　에헤 에헤 어하요

구지도 조기역사관 2층에 위치한 관광전망대에서 바라보는 구지도 전경으로 연평도의 남서쪽에 있는 무인도이다. 노랑부리 백로, 중대백로, 중백로, 쇠백로, 황로, 왜가리, 가마우지, 쇠가마우지, 저어새가 살고 있다.

고기를 많이 잡히게 도와주는 서해의 신 충민사

병자호란(1636년) 때 임경업 장군이 중국으로 가던 중 선원들의 부식이 떨어지자 연평도에 배를 대고 나뭇가지를 꺾어 꽂아두었더니 물이 빠진 뒤 가지마다 조기가 걸려 있었는데 이것이 연평도의 조기잡이 시초가 되었다고 한다. 그 후 임장군에 대한 고마움을 기리기 위해 사당을 세우고 장군의 공을 길이 전하며 봄, 가을로 제사를 올리면서 풍어와 함께 해상의 무사고와 무병장수를 기원하였다. 원래 있던 사당의 자리는 현재의 위치가 아니고 *당섬에 있었다고 한다. 어느 때인지는 자세히 알 수 없으나 당섬에 불이 나서 임경업 장군의 사당이 전소하게 되었고 이 때 임경업 장군의 영정이 불에 타면서 공중으로 올라 북쪽으로 날아가다가 현재의 당산마루에 타버린 임경업 장군의 영정이 재가 되어 조용히 내려앉았다고 한다. 이것을 본 연평도 주민들은 임경업 장군의 혼이 화재를 피해 이곳으로 옮겨왔다고 하여 지금의 자리에 충민사를 지어 오늘까지 유지하고 있다고 한다. 그밖에 임경업 사당에 얽힌 설화는 일제강점기 때 있었다. 연평도에서는 고기잡이 때가 되면 전국에서 모여든 수천 척의 선박과 수만 명의 선원들이 임경업 장군의 사당에서 무사고를 기원하는 참배를 하고 나서야 출어를 했다고 한다. 음력 정월 초순에는 연중 가장 큰 행사로 풍어제를 올렸는데 이를 못마땅하게 여긴 일본인들은 충민사 바로 뒤에 일본 신사를 건립하려고 했다. 신사 터를 닦던 날 밤에 잠이 든 일본인 책임자의 꿈에 임경업 장군이 나타나 원상태로 해 놓지 않으면 큰 불상사가 일어날 것이라고 호통을 쳤다고 한다. 다음날 일본인 책임자는 겁에 질려 원상태로 복구했고 그것으로도 안심이 안 되어 재물을 마련하여 마을 원로들을 모시고 직접 제사를 올렸다고 한다. 연평도뿐 아니라 어민들에게 임경업 장군은 고기를 많이 잡히게 도와주는 수호신과 같은 존재였던 것이다.

*당섬이라는 지명은 당초에 임경업 장군의 사당이 있었던 곳이라 하여 붙여진 이름이라고 한다.

안목어장

임경업 장군이 중국으로 가는 길목에 연평도에 들려 머물면서 간조 때 이곳에 가시나무를 꽂게 하였는데 수많은 고기가 가시마다 걸렸고 이것이 연평도 조기잡이의 시조가 되었다고 한다. 조기잡는 방법(魚箭)을 주민에게 가르쳐 준 곳이 현재의 안목어장이라고 한다. 예전에는 임금님에게 진상하는 조기로 안목조기가 아니면 안 될 정도로 제일 크고 맛이 좋았다고 한다. 그 이유 역시 안목조기를 임경업 장군이 제일 먼저 발견했기 때문이라고 한다.

연평도의 어민들은 충민사에서 출어를 앞두고 임경업 장군을 기리는 풍어제를 지낸다.

풍어제의 다른 이름 연평도 한마음 기원제
황해도식 풍어제를 계승 발전한 연평면 한마음 기원제는 2014년부터 주민들의 안녕과 풍요를 기원하고 지역주민의 단합을 위한 행사로 확대하여 개최하고 있다. 행사는 충민사 사당에서 어업인의 안녕과 풍어를 기원하는 제례를 시작으로 면민의 흥을 돋우고 마을간 화합하는 프로그램으로 진행하고 있다.

백로의 숲 서부리

연평도의 해안은 가파른 절벽이 절경이다.

조기역사관 전망대에서 내려다보는 병풍바위와 가래칠기해변은 지중해의 절경이라는 안탈리아 해안 풍경과 같아 이국적인 아름다움이 있다. 가래칠기해변은 알록달록한 자갈과 굵은 모래알이 밟히는 자연해안이다. 연평도는 오석(烏石)으로 유명한 곳이라 해변에서 쉽게 오석을 찾아볼 수 있다. 오석은 다른 이름으로 흑요암(黑曜巖)이라 부르는 검은색 보석류의 돌이다.

가래칠기해변을 지나 조금 더 북쪽 해안에 위치한 구리동해변은 길이 1Km, 폭 200m의 모래사장이 펼쳐져 있어 연평도에서 해수욕을 즐기기 가장 좋은 해변이다. 해변에 앉아 오른쪽 숲으로 펼쳐진 해송을 바라보면 백로가 너울너울 춤을 추고 해변을 둘러싼 기암절벽과 푸른 바다가 어울려 한 폭의 그림 속에 들어 온 듯 착각하게 한다. 연평도의 해변은 서쪽에 위치해 있는데 모두 바다 건너 북한 땅과 마주보고 있어 해가 지면 출입이 통제된다. 해가 지는 석양을 만끽하려면 조기역사관 2층 관광전망대로 가면 된다.

연평도에서 서북쪽 해안가 절벽으로 가면 서부리라는 곳에 천연기념물 백로 서식지가 있다. 백로는 날이 따뜻해지는 4월 말부터 5월 초에 연평도에 찾아와 늦가을까지 머물다 떠난다. 바닷가 소나무에 둥지를 만들어 서식하는데 흰색의 백로는 푸른 숲과 어울려 하얀 눈꽃송이가 피어 있는 듯 장관을 이룬다. 구리동 해변에서 바라보면 가장 멋진 백로의 숲 풍경을 감상할 수 있다. 우리나라의 옛 문헌에 보면 시문(詩文)이나 화조화(花鳥畵)에 백로가 많이 등장하는데 그 이유는 새의 색이 희고 깨끗하여 청렴한 선비를 상징했기 때문이다. 학술적 가치가 높은 천연기념물인 만큼 아름다운 백로는 멀리서 눈으로만 즐겨주길 바란다.

망향전망대

연평도의 동부리 끝 해안가에는 북녘 땅을 바라 볼 수 있는 망향전망대가 있다. 두고 온 고향을 그리는 실향민들의 간절한 마음을 모아 북녘이 바라다 보이는 언덕 위에 세운 전망대이다. 날씨가 맑은 날에는 북한의 해주 시멘트 공장에서 올라오는 연기까지 보여 실향민들이 갈 수 없는 고향땅을 하염없이 바라보는 장소이기도 하다.

아이스크림 바위

망향전망대까지 왔다면 가까이에 있는 아이스크림 바위도 잠시 감상해 보자. 바다 건너 코앞이 북한 땅인 만큼 해안가는 군사용 철책이 있다. 해안가 아래로 내려가면 아이스크림 바위 뒤로 거북바위가 있는데 바닷물이 빠져야만 접근할 수 있다. 이곳에서는 북방한계선에서 조업을 일삼는 수백 척의 중국 어선들을 아주 근거리에서 볼 수 있다. 남북 분단이 주는 안타까움으로 다시 한 번 가슴이 먹먹해지는 곳이다.

아이스크림 바위 추운 겨울 눈과 바닷물이 얼어붙으면 마치 아이스크림 모양 같다 하여 아이스크림 바위라 부르게 되었다.

망향전망대에서 바라본 북녘 땅

안개 자욱한 연평도에서 기형도의 시를 만나다.

이 읍邑에 처음 와 본 사람은 누구나
거대한 안개의 강江을 건너야 한다.
앞서간 일행一行들이 천천히 지워질 때까지
쓸쓸한 가축들처럼 그들은
그 긴 방죽 위에 서 있어야 한다.
문득 저 홀로 안개의 빈 구멍 속에
갇혀 있음을 느끼고 경악할 때까지

     -기형도의 詩 〈안개〉 中에서

기형도奇亨度 1960.02.16~1989.03.07
1960년 2월 16일 인천광역시 옹진군 연평도에서 3남 4녀 중 막내로 태어났다. 1979년 연세대학교 정법대학 정법계열에 입학하여 1985년 정치외교학과를 졸업하였다. 1984년 중앙일보에 입사하여 정치부. 문화부. 편집부에서 일하며 지속적으로 작품을 발표하였다. 1985년 동아일보 신춘문예 시 부문에 〈안개〉가 당선되면서 문예지에 시를 발표하기 시작하였다. 1989년 시집 출간을 위해 준비하던 중. 종로의 한 극장 안에서 숨진 채 발견되었고 사인은 뇌졸중(腦卒中) 이었다고 한다.

작가 노트

특별했던 어제 하루를 적어 본다.
이 기억은 꽤 오래갈 것 같다. 나는 결국 연평도의 짙은 안개 속에서 벗어나는 방법을 찾지 못했고 알 수 없는 끈에 붙들려 하루 더 연평도에 머무르게 되었다. 마침 사전 투표일이라 특별한 일도 없고 해서 연평도 주민들과 함께 대피소에 마련된 투표장소에 갔다. 섬에서도 전자장비를 이용해 이 지역 주민이 아니라도 사전투표를 빠르게 진행할 수 있는 시스템에 놀라고 계속 두터워져만 가는 안개에 더 놀라면서 종일 연평도서관에 머물렀다. 덕분에 연평도서관에 근무하는 김명선 사서와 두 끼의 식사를 같이 하고 긴 얘기를 나누며 연평의 삶을 짐작해 볼 수 있었다. 자월도 취재 일정이 틀어졌지만 밤이 깊어질수록 집으로 가지 못한 불안은 점점 흐려지고 솜이불처럼 연평도를 덮고 있는 안개가 점점 포근하게 느껴졌다. 인간으로서 행복한 삶을 사는 것이 목표가 아닌가? 되돌아보니 너무 조급하게 안달하는 시간들을 살아왔다. 자 여기 연평에다 다 내려놓고 쉬어가자. 남아있는 인생의 긴 여행을 잘하기 위해!

백령도
사자바위
심청각
고봉포구
어릿골해안
연꽃마을
물범바위
감람암포획현무암
분포지
백령초교
하늬해변
선대암
통일기원비
형제바위
두무진포구
두무진
사항포구
기상대
코끼리바위
백령중고교
북포초교
끝섬전망대
통일기원탑
용기포신항
용기포등대
용기포구선착장
사곶해변
(사곶천연비행장)
담수호
화동염전
백령대교
천안함 위령탑
연화리 무궁화
중화동교회
콩돌해안
남포리
습곡구조
장촌포구
중화동포구
용트림바위
오군포구
연봉바위
포구
해변
명소
학교

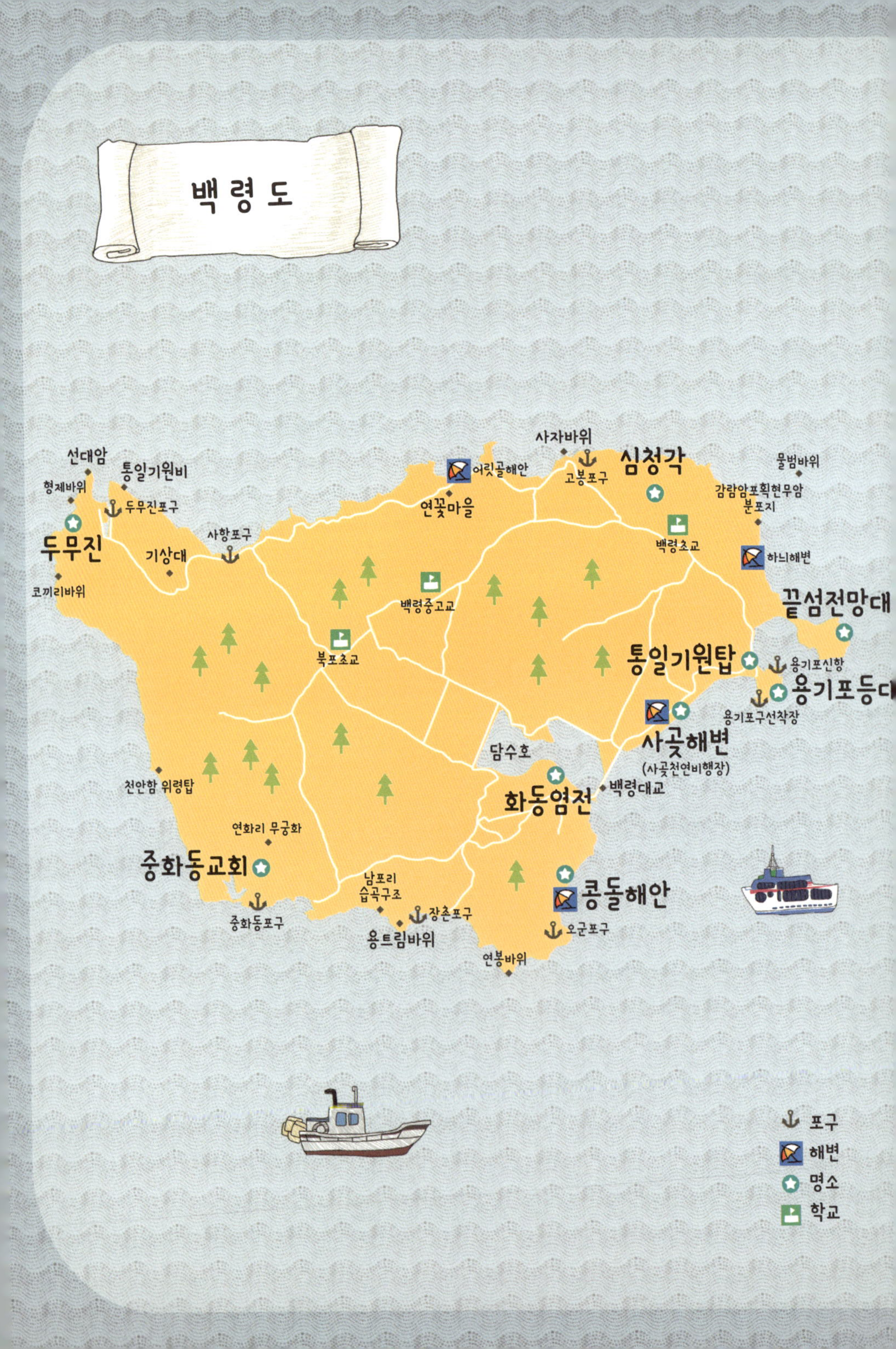

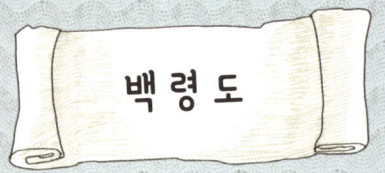

PART 3

그곳에 있어줘서 고마워
백령도

두무진 | 심청각 | 사곶해변 | 콩돌해변

백령도 가는 길

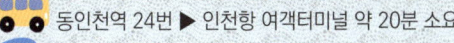
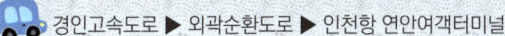

동인천역 24번 ▶ 인천항 여객터미널 약 20분 소요
경인고속도로 ▶ 외곽순환도로 ▶ 인천항 연안여객터미널
제이에이치페리 1644-4410 www.jhferry.com/INCH/
하모니플라워호(07:50 출발) 약 4시간 소요
고려고속훼리(주) 1577-2891 www.kefship.com
코리아킹호(08:30 출발) 약 4시간 소요

그곳에 있어줘서 고마워

백령도

배를 타고 바다 위에 둥둥 떠서 물살을 가르며 섬으로 향하는 여행은 상상만으로도 가슴이 두근거린다. 인공지능이 인간을 이기는 세상이 등장했고 물질문명이 초단위로 발전하고 있는 시대에 그 혜택을 마다하고 잠시 벗어나 가장 순수한 세상으로 향하는 여행이야말로 진정 나를 배려하는 순간이다. 뭍에서 가까운 섬들은 하나 둘 다리가 놓이고 있어 여행자들이 꿈꾸는 순수한 섬을 찾는 일은 점점 쉽지 않다. 일상으로부터 완벽한 일탈을 꿈꾼다면 백령도(白翎島)로 떠나보자. 백령도는 인천항에서 뱃길로 4시간 거리에 위치해 있다. 사실 곧장 가면 2시간 걸릴 거리지만 같은 위도에 북한 땅이 있어 인천에서 북서쪽으로 나가 공해로 일단 빠졌다가 백령도로 가기 때문에 4시간이나 걸려 가야 하는 안타까운 곳이기도 하다.

쾌속선에 몸을 싣고 주변 경관을 감상하다보면 지루할 사이 없이 백령도에 도착한다. 그곳에는 무엇을 상상하든 그 이상을 보여줄 두무진의 비경이 기다리고 있고 반짝이는 오색 돌들이 보석처럼 빛나는 콩돌해안을 지나 심청이가 실존인물인가 놀라게 되는 세계로 빠져드는 순간, 차를 타고 사곶해변을 시원하게 달리면서 백령도가 대한민국 최서북단 북방한계선에 있어 줘서 감사하게 된다. 백령면 주변에서는 어느 곳에서 낚시를 해도 우럭, 놀래미, 광어, 농어들이 잡혀 손맛이 느껴지는 한가로운 낚시도 좋다. 자동차로 달려가며 보는 풍경이 싫다면 천천히 시원스레 펼쳐진 바다를 따라 흰나래길을 하염없이 걸어보자. 어느덧 상념이 없어지고 감탄사만이 나를 사로잡게 된다.

태초의 신비와 아름다운 풍경이 그대로 두무진

백령도의 두무진(頭武津) 포구에 도착해서 유람선을 타고 감상하게 되는 절경은 무엇을 상상하든 그 이상이 기다리고 있다. 예로부터 '신이 빚어 놓은 절경'이라 찬사를 받아 온 곳으로 해안을 따라 기암절벽이 약 4km 길이에 걸쳐 위풍당당하게 병풍처럼 서서 마치 사열을 받는 듯 여행자들을 반겨준다.

배 위에 올라 절경을 바라보고 있노라면 각양각색의 기암절벽이 그 오랜 시간 동안 바다의 거센 파도를 어떻게 견뎌낼 수 있었을까 궁금하지 않을 수 없다. 이곳의 지질은 약 12억 년 전 원생대에 형성된 매우 단단한 규암이 주된 성분인데 사이사이에 규암보다는 약한 지질의 이질암, 실트암 등이 있어 풍화작용에 차별침식 되면서 바위에 여러 무늬를 새겨 놓았고 규암이 풍화작용에 의해 붉은 색을 띠게 되어 기암절벽의 무늬와 함께 더욱 아름다운 경관을 연출하게 되었다고 한다.

두문진 절벽에서 서식하는 검은 가마우지가 한가로운 시간을 보내고 있다.

유람선을 타고 남쪽 해안을 따라 돌면 명승 8호인 두무진의 바위들을 만나게 된다. 선대암, 형제바위, 사자바위, 고릴라 바위, 말 바위, 우럭바위, 코끼리바위, 병풍바위, 부처님바위, 물개바위, 낙타바위, 송곳바위, 잠수함바위와 물이 빠지면 먹을 수 있는 식수가 나오는 찬물 나드리까지 이들은 저마다 이름을 가지고 있다. 사람 손이 닿지 않는 해안암벽에는 해국(海菊)이, 해안에는 땅채송화, 갯방풍, 벌노랑이 같은 식물이 자라고 있으며 큰 바위 틈에서는 범부채를 볼 수 있다.

절벽에서 서식하는 까만 가마우지가 한가로운 시간을 보내고 있으며 천연기념물인 노랑부리백로가 가끔 나들이를 나오기도 한다. 운이 좋은 날에는 코끼리 바위를 지날 때 천연기념물 제331호로 지정 보호받고 있는 점박이물범이 헤엄치고 노는 모습을 볼 수 있다.

배에서 두무진 포구에 내리면 두무진으로 이어지는 도보 코스도 놓치지 말고 가보자. 포구 왼쪽에 있는 해안 자갈길을 따라 선대암이 보이는 능선에 오르면 멀리 장산곶을 향하여 세워진 통일기원비를 만나게 된다. 다시 오솔길을 따라 해변으로 내려가면 선대암, 형제바위 등 두무진의 풍광을 다른 각도에서 감상하고 촬영할 수 있는 곳이 있다. 해가 떨어질 즈음이라면 이곳에서의 시간은 오래도록 잊지 못할 명장면이 된다.

백령도 두무진 지명 유래

두무진의 지명은 동국여지승람(1486년)에는 두모포(頭毛浦), 백령진지(1802년)에는 두모(頭毛)라 기록되어 있다. 모(毛)의 의미는 털의 뜻과 풀(草)의 뜻이 있는데 길게 늘어선 바위들이 마치 무성하게 자란 풀처럼 보여 '바위들이 풀같이 솟아있다'는 의미로 두모진(頭毛鎭)이라 부르게 되었다고 한다. 한편 백령도의 관문이라는 의미로 두문진(頭門津)이라고 부르기도 했다. 예전부터 이곳은 서해안 교통의 요충지로 해적의 출입이 많았던 곳이었는데 구전에 의하면 1816년 기독교 최초의 한문성경이 영국해군 함선 Alcester호와 Lyra호에 의해서 백령도에 전해졌고 1832년 우리나라 최초의 선교사인 키슬라프 목사와 1865년 기독교 최초의 순교자인 토마스 선교사가 두문진을 통해 상륙했다고 한다. 따라서 두문진이라 불린 것은 백령도의 북서쪽 꼭대기(頭)에 있는 문호라는 의미였다. 이후 러일전쟁 때 일본군의 병참기지가 이곳에 생기고 나서 용맹한 장군들이 머리를 맞대고 회의를 하는 모양이라는 뜻의 두무진(頭武津) 명칭이 지금에 이르고 있다.

점박이물범 Phoca vitulina largha

백령도에서 볼 수 있는 점박이물범은 은회색 바탕에 타원형 점무늬를 가진 잔점박이 물범이다. '우웡', '해표', '강치'라는 이름으로도 불리는 포유류로 물속에서 생활하는 진귀한 해양포유동물이다. 겨울철에는 중국 발해만의 빙해 위에서 번식해 이듬해 여름이 가까워지면 서해의 풍부한 먹이를 먹으며 성장하기 위해 백령도로 남하한다. 1940년대에는 그 개체 수가 약 8천 마리였는데 현재는 약 300여 마리로 멸종위기에 처해 있어 천연기념물 제331호로 지정하여 보호하고 있다. 2014 인천아시안게임의 마스코트가 바로 백령도의 점박이물범이다.

시스택 Sea stack 기반암이 파랑의 침식을 받아 육지와 분리되어 촛대모양으로 남은 바위를 시스택이라고 하는데 두무진 해안에 발달해 있다.

시아치 Sea arch 해식동이 관통되어 양쪽에 입구가 만들어지면서 형성되고 코끼리 또는 코불소 닮은 것처럼 보인다.

괭이갈매기 무리지어 활동하며 어선이나 여객선을 잘 따라다닌다. 번식은 육지에서 멀리 떨어진 섬에서 집단으로 한다.

북방한계선 Northern limit line, 北方限界線

1953년 정전 직후 클라크 주한 유엔군 사령관이 설정한 해상경계선으로 영문 머리글자를 따서 'NLL'이라고도 한다. 1953년 7월 27일 이루어진 정전협정에서는 남북한 간 육상경계선만 설정하고 해양경계선은 설정하지 않았다. 이후 1953년 8월 30일 당시 주한 유엔군 사령관이던 마크 클라크(Mark W. Clark)가 한반도 해역에서의 남북 간의 우발적 무력충돌 발생 가능성을 줄이기 위한 목적으로 서해상에 당시 국제적으로 통용되던 영해 기준 3해리에 입각하여 서해 5개 도서 백령도·대청도·소청도·연평도·우도와 북한 황해도 지역의 중간선을 기준으로 '북방한계선(NLL: Northern Limit Line)'을 설정하였다. 또한 동해상에는 군사분계선(MDL: Military Demarcation Line) 연장선을 기준으로 하여 '북방경계선(NBL: Northern Boundary Line)'을 설정하였다. 1996년 7월 1일 동해상의 북방경계선을 북방한계선으로 명칭을 통일하여 지금에 이른다.

두무진에서 한눈에 바라다 보이는 장산곶

백령도에서 장산곶은 15km 이내의 근접지역으로 백령도의 두무진에서 바라보면 인당수와 장산곶이 한눈에 들어온다. 예로부터 백령도는 질 좋은 사냥매가 나는 곳으로 유명했다. 그래서일까 두무진에서 손에 잡힐 것 같은 곳에 위치한 장산곶에는 전설처럼 〈장산곶 매 이야기〉가 전해 온다. 황석영의 소설 〈장길산〉을 보면 주인공을 상징하는 장산곶 매가 나오는데 한 번 날개를 쳐 하늘에 떴다하면 천하의 날짐승, 들짐승들이 맥을 못추었다고 한다. 장산곶의 장수매는 일 년에 한 번 서해바다를 넘어 중국 본토와 시베리아로 사냥을 나가는데 수 만 리 넓은 땅으로 사냥을 떠나는 전날 밤에 자기가 살던 둥지를 밤새도록 까 팽개치며 무서운 전의를 다졌다고 한다.

통일기원비 두무진 포구의 해안선 자락에 '통일로 가는 길'이라고 적힌 작은 비석으로 흑룡부대 장병들이 통일염원의 혼을 담아 1992년에 건립한 기념비이다.

두무진 유람선은 하루에 두 번 운항하며 기상이나 인원미달이면 운항하지 않으니 미리 전화로 확인해보고 출발해야 한다. (032-836-8040)

두무진 포구에는 자연산 활어회를 먹을 수 있는 **횟집**들이 즐비하다. 인근에서 잡은 싱싱하고 고소한 광어, 우럭, 놀래미를 사시사철 언제든 맛볼 수 있다. 가격은 모두 비슷하니 어쩐지 내 마음이 끌리는 곳으로 가면 된다.

백령도 두무진에서의 시간은 오래도록 잊지 못할 명장면이 된다.

심청전의 세계에 들어온 듯 심청각

우리가 잘 알고 있는 〈심청전〉의 스토리를 살펴보면 주인공 심청이는 장님인 아버지의 눈을 뜨게 하려고 공양미 삼백 섬에 몸을 팔아 인당수에 뛰어든다. 이야기로만 알고 있는 심청전의 인당수(印堂水)는 백령도와 장산곶 사이에 실제로 존재하는 곳이라고 한다. 백령도는 역사적으로 거슬러 올라가면 중국과 왕래하는 중간 기착지로 중국인 왕래가 빈번했던 곳이다.

심청각은 소설 심청전의 배경이 된 백령도를 알리기 위해 인당수와 연봉바위가 바라다 보이는 곳에 위치해 있다.

광해군 때, 백령도에 귀양왔던 이대기(李大期)가 쓴 백령도지(白翎島誌)를 살펴보면 백령도와 장산곶 사이에는 북쪽과 서쪽에서 흐르는 조류가 만나 서로 부딪쳐 소용돌이를 이루어 물살이 매우 세고 험한 곳이라고 기록하고 있다. 그래서 이곳을 지날 때 물살에 휘몰려 침몰되기 일쑤였다고 한다. 고기잡이 하는 어부들은 항해의 안전을 위해 항시 주의를 했고 목숨을 걸고 바닷길을 오가며 무역을 했던 중국상인들은 두려움에 사람을 제물로 바치기도 했다고 한다.

삼국유사를 살펴보면 백령도에 관한 자료로 진성여왕과 거타지 설화가 있는데 '배가 곡도(백령도의 옛 이름)에 이르니 풍랑이 크게 일어 10여일을 묵게 되었다. 양패공(良貝公)이 이를 근심하여 점을 치게 했는데 섬에는 신지(神池)가 있으니 제사를 지내면 좋겠다 하여 못물에 제물을 차려 놓으니 못물이 한길도 넘게 치솟았다'고 한다. 문헌의 신지는 바로 연화리의 연지(蓮池, 연꽃이 피는 연못)로 과거에는 그 넓이가 수만 평이었으나 지금은 농지로 변했고 자투리 땅에 미꾸라지 양식장을 만들었는데 1996년 8월 연꽃들이 탐스럽게 피어나 심청이의 연꽃 환생으로 주목받기도 했다.

또한 심청이가 인당수에 몸을 던진 후 환생하여 연꽃을 타고 오다가 조류에 떠밀려 오는 이야기가 있다. 이를 증명하듯 백령도와 대청도 사이에 한 송이 연꽃처럼 떠 있는 연봉(連峰)바위가 있는데 인당수 조류의 흐름이 신기하게도 연봉바위 쪽으로 흐르고 있다. 백령도에 가면 심청각을 비롯하여 연화리, 연봉바위, 연꽃마을 등 심청전의 세계에 들어온 듯 하다.

심청각은 각계의 고증 과정을 거쳐 1999년 10월 21일에 세워졌다.

심청각은 소설 심청전 관련 판소리, 영화, 고서 등을 전시하고 있다.

심청전은 조선 시대에 쓰인 대표적인 한글로 된 판소리계 고전소설이다. 지은이와 창작 시기는 정확히 알 수 없으며, 80여 종의 필사본, 판각본, 활자본이 있다. 눈먼 아버지의 눈을 뜨게 하려고 자기를 희생하는 심청의 지극한 효성 이야기이다. 예로부터 전해 내려오는 부모에게 효도하는 내용의 설화를 바탕으로 형성된 소설로 본다.

차를 타고 해변을 시원하게 달려 보자 **사곶해변**

백령도 여행은 두무진과 콩돌해변을 지나 사곶해변에 이르러 다시 한 번 어디서도 경험할 수 없는 신기한 세계를 보여준다. 일반적으로 바닷물이 빠져나간 해변의 모래 위를 걷는 것은 발이 푹푹 들어가서 여간 힘든 일이 아니다. 그러나 사곶해변은 물이 빠져나가자마자 시멘트보다 부드러우면서도 단단한 규조토 해변이 나타나 자동차나 오토바이가 달려도 바퀴가 모래에 빠지지 않는 특별한 지형 및 지질상을 보여준다. 이탈리아의 나폴리 해안과 함께 세계 두 곳 밖에 없다는 이곳은 나폴리 해안보다 그 규모가 더 크다. 썰물 때면 길이 3km, 폭 0.2km의 천연 비행장 활주로가 모습을 드러내 한국전쟁 당시에는 비행장으로 사용했다고 한다. 이후에도 군부대 비행장으로 사용하면서 군사통제구역으로 출입이 통제되다가 1989년 초 해제되면서 귀한 자연 경관을 이제는 누구나 즐길 수 있게 되었다. 그 특별한 가치를 인정받아 천연기념물 제391호로 지정되었고 죽기 전에 꼭 가봐야할 국내여행지가 되었다.

백령도 추천 트래킹코스

끝섬전망대
이용시간: 9:00~18:00
입장: 관람 종료 30분 전까지
입장료: 무료
휴관일: 매주 월요일

용기포 맞이길

백령도에서 사곶해변을 지나 용기포 구선착장 방향으로 가면 돌 하나에 소망을 정성껏 담은 통일 염원탑을 볼 수 있다. 탑에서 마을 뒷산 언덕 너머로는 썰물 때만 갈 수 있는 해식동굴이 있고 목책 계단을 따라 올라가면 정상에는 1960년대 사용하던 용기포 등대가 나온다. 과거 백령도 인근을 항해하는 선박들을 인도하던 옛 등대로, 멋진 바위들과 어울려 여전히 절경을 이루고 있다. 걷기를 좋아한다면 도로변 해안길을 따라 끝섬전망대까지 가는 트래킹 코스 용기포 맞이길을 권한다. 북녘의 산하를 조망할 수 있는 최고의 장소에서 통일을 기원하는 마음을 적어 희망의 철책에 매달아 보자. 이렇게 최북단 끝섬 백령도의 일정을 마무리한다면 민족 분단의 아픔을 조금은 달래볼 수 있지 않을까.

통일염원탑

용기포에 우뚝 솟은 이 돌탑은 통일을 염원하는 소망을 담아 정성으로 쌓아 올린 것이다. 백령도 이곳은 하늘 끝, 바다의 섬, 그리고 깊이 묻어둔 고향의 끝동네이다. 넓고 푸른 서해 바다와 백령도를 수호하며 풍요한 삶을 위해 화합, 단결하고 노력하는 섬주민들의 염원을 표현하고 있는 탑이다.

화동염전

백령도의 제염장은 선조 26년(1593년)부터 설치되어 사백여년의 역사를 가지고 있고 이항복이 백령도 염장이 황해도에서 제일 간다고 추천한 기록으로 보아 우수한 소금 생산지였음을 알 수 있다. 그건 너무도 당연한 일일지도 모른다. 백령도는 바다 한가운데 위치하고 있어 순수한 바닷물로 소금을 만들었기 때문에 육지 연안에서 만든 소금과는 비교할 수 없는 좋은 품질이었다. 과거에는 생산량도 많아 소금이 백령도의 특산물이었다. 그러나 심은포 입구에 제방을 축조하여 백령호를 만든 다음부터 가을리는 바닷물을 공급받을 수 없게 되었고 이후 화동염전만이 외로이 명맥을 유지하고 있다. 참고로 옹진군에서 시판용 소금을 생산하는 곳은 북도면의 시도염전 그리고 백령도의 화동염전 단 두 곳 뿐이다. 4월부터 10월까지 염부들이 소금을 만들어 내느라 분주한 모습은 귀한 풍경이 되었다.

파도가 돌을 쓰담쓰담 콩돌해변
두무진과 같은 거대한 기암절벽에서 침식된 돌들이 둥근 자갈이 되고 오금포 해안으로 밀려와 파도가 돌을 쓰담고 또 쓰다듬어 이렇게 작은 콩알이 되기까지 백령도의 시간은 얼마나 많이 흘렀을까?

콩돌 하나를
파도가 만들려면
적어도 몇 백 년은
쓰다듬어 줘야 한다.

해변에 도착하면 신발을 벗고 맨발로 자갈에 부딪히는 파도소리를 들으며 해변을 걸어 보자. 따뜻한 돌들이 발바닥을 간지럽히는 느낌이 너무 좋아 어느새 여행의 피로가 싹 사라져 버린다. 해변에 앉아 돌들을 자세히 살펴보면 흰색, 회색, 청회색, 보라색, 갈색, 검은색, 적갈색 등 저마다 색이 다른 돌이 마냥 신기하기만 하다. 크기는 약 2.0㎝에서 4.3㎝로 작은 돌에서부터 큰 자갈까지 있으며 다양한 무늬를 가지고 반들반들 윤이 난다. 한참 구경을 하다보면 반짝이는 작고 예쁜 콩돌을 가져가고 싶은 유혹을 느끼게 된다. 지역 주민들이 아무리 지켜도 이곳에 왔다간 사람들이 몰래 몰래 조금씩 가져가 이곳의 콩돌 수가 줄어들고 있다고 한다. 이제는 천연기념물 제392호로 지정되어 콩돌을 가져가면 벌금을 내야 한다. 이곳은 우리나라 어디에서도 보기 힘든 작고 예쁜 돌들이 해안을 덮고 있는 아름다운 해변이다. 콩돌 하나를 파도가 만들려면 적어도 몇 백 년은 쓰다듬어 줘야 한다. 언제든 백령도의 콩돌 해변에 와서 파도가 오랜 시간 공들여 만든 보석을 즐길 수 있도록 눈으로만 가득 담아가길 바란다.

콩돌해안 옹진군 백령면 남포리 오금포 남쪽에 있는 해안으로 우리나라 어디에서도 보기 힘든 작고 매끄럽고 귀여운 콩돌들이 길이 800m, 폭 30m의 해변에 덮여 있다. 1997년 천연기념물 제392호로 지정되었고 지정구역이 2,805,344㎡에 이른다. 남한에서 유일한 백령도의 콩돌해안은 북한지역 함경남도 이원해안에도 한 곳 더 있다. 북한에서도 콩돌해안을 천연기념물 제289호로 지정해 보호하고 있다.

Zoom IN 백령도

사진찍기 좋은 녹색명소

사곶해안에서 화동유채꽃 단지를 지나 백령대교를 건너면 바로 사진찍기 좋은 녹색명소가 있다. 이곳에 오르면 사곶해변을 한눈에 볼 수 있으며 담수호인 백령호와 툭 트인 바다 경관을 사진에 담기 좋다.

중화동 교회 & 연화리 무궁화

백령면 중화길 230-13번지에 위치하고 있는 중화동 교회는 우리나라에서 서울의 새문안교회 설립(1885년) 다음으로 1896년에 두 번째로 세워진 장로교회이다. 중화동이라는 지명의 유래는 중국과 외국 배들이 많이 드나들던 곳이라 하여 중화동이 되었다고 한다. 구전에 의하면 1816년 기독교 최초의 한문성경이 영국해군 함선 Alcester호와 Lyra호에 의해서 백령도에 전해졌고 1832년 우리나라 최초의 선교사인 키슬라프 목사와 1865년 기독교 최초의 순교자인 토마스 선교사가 두문진을 통해 상륙했다고 한다. 또한 1846년 김대건 신부가 마지막으로 백령도에서 선교 활동을 하다가 붙잡혀 순교를 했다는 것은 널리 알려진 사실이다. 백령천주교회 성당 내부에는 김대건신부의 유해 일부가 모셔져 있어 천주교 신자들의 방문이 이어지고 있다. 이렇듯 백령도는 한국 기독교와 천주교 역사의 관문이 되었던 지역이었다. 현재 백령도 내에는 10개의 교회가 있으며 주민 대부분이 기독교 신자이다. 중화동 교회 내 백령기독교역사관에서는 한국기독교 100년사를 살펴 볼 수 있으며 교회 앞에 위치한 연화리 무궁화는 높이가 6.3m로 현재 알려진 무궁화 중 가장 크며 꽃이 순수 재래종의 원형을 보유하고 있어 천연기념물 제521호로 그 가치를 인정받아 보호하고 있다.

백령도 여행tip

1. 백령도는 우리나라 섬 중에서 8번째로 큰 섬이다. 섬 전체를 걸어서 다 돌아보기 어렵다. 물론 다음을 기약하고 발 닿는 곳만 천천히 걸어보는 여행도 나쁘지 않다. 걸어서 여행하기가 벅차다면 백령도 내 버스와 택시를 이용해 다닐 수 있다는 것을 참고해 두자. 백령도 여행은 배편, 숙박, 식사, 섬내 교통, 두무진 유람까지 1박 2일 프로그램으로 오랫동안 진행해온 백령여행사(032-836-6662)를 추천한다. 백령도에 간다면 하루 더 시간을 내어 남쪽으로 마주하고 있는 섬, 대청도까지 알뜰하게 돌아 볼 수 있는 2박 3일 코스를 추천한다.

2. 백령도 여행의 하이라이트 두무진 유람선(032-836-8088)은 하루에 두 번 운항하며 기상이나 인원미달이면 운항하지 않으니 미리 전화로 확인해 보고 출발해야 한다.

3. 백령도는 서해바다에 우뚝 솟아 우리나라의 영토를 사수하는 최북단 끝섬이다. 그러므로 해가 진 후에는 바닷가에 나갈 수 없다. 밤에 뭘 할까? 걱정할 수도 있지만 도깨비 같은 24시간 환한 도시 생활에서는 만날 수 없는 칠흑 같은 까만 밤이 있다. 조용히 사색해 보는 시간 또한 백령도 여행이 주는 선물이다. 군사시설은 사진을 찍을 수 없다는 점도 꼭 알아두자.

용트림바위 & 남포리 습곡구조

장촌포구 근처에 위치한 용트림바위는 마치 용이 승천하는 모습과 같아 용트림바위로 불린다. 바위 스스로 하늘을 향해 나선처럼 꼬며 오르는 형상이 매우 인상적이다. 용트림바위는 가마우지와 갈매기의 서식지이기도 하다. 지질학에서는 용트림바위와 같은 현상을 시스택이라고 한다. 시스택은 해식애가 파랑의 침식을 받아 파식대 위에 단단한 부분이 가늘게 솟은 채로 남아 있는 현상을 말한다. 용트림바위 건너편 해안절벽에 위치한 천연기념물 제507호인 남포리 습곡구조는 고생대 말~중생대 초의 지각변동으로 형성되었다. 규모는 높이 약 50m, 길이 약 80m이다. 한반도 지각 발달사에 매우 귀중한 자료이다.

백령도는 바라보기만 해도 저절로 감탄하는 아름다운 절경 속에 지질학적으로 매우 흥미로운 비밀이 많이 숨겨져 있다. 두무진의 단단한 규암 바위가 콩돌해변으로 가서 자갈이 되었다가 사곶해변에서 부드러우면서도 단단한 규조토로 변신해 비행기 활주로가 되고 있으니 섬 전체가 지구의 생명을 설명할만한 커다란 자연 학습장이다. 좀 더 체계적인 학계의 노력이 뒷받침된다면 백령도는 아이들에게 자연의 이치를 생생하게 공부하는 귀한 학습현장이 되리라고 본다.

용트림바위

해피엔딩 러브스토리
백령도의 전설

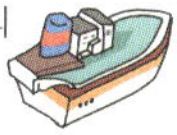

옛날 황해도에 살던 선비와 사또의 딸이 사랑하게 되었는데 이 사실을 알게 된 사또는 가난한 선비를 못마땅하게 생각해 허락하지 않았다. 그러나 두 사람은 헤어지지 못하고 남몰래 만났고 이를 알게 된 사또는 화가 나 딸을 멀리 외딴섬으로 보내 버렸다. 어디로 갔는지 알 수 없어 애를 태우다 시름시름 앓게 된 선비에게 백학이 꿈에 나타나 흰 종이를 보여주며 여기로 찾아가라 말한 뒤 사라졌다. 놀라 깨어보니 정말로 종이에는 주소가 적혀 있었다. 사또의 딸이 있는 섬까지 온 선비는 그녀와 감격스러운 재회를 한 후 그 누구도 간섭받지 않는 섬에서 오래오래 행복하게 살았다고 한다. 훗날 사람들은 백학이 이 섬을 알려 주었다해서 백학도라 했고 오늘날에는 흰 백(白)과 날개 령(翎)을 써서 백령도(白翎島)라 부르게 되었다고 한다.

PART 4

바다와 소나무가 함께 노래하는 푸른 섬
대청도

소나무숲 | 해수욕장 | 동백나무자생북한지
모래사막 | 매바위전망대 | 서풍받이 | 소청도

대중교통	동인천역 24번 ▶ 인천항 여객터미널 약 20분 소요
자가운전	경인고속도로 ▶ 외곽순환도로 ▶ 인천항 연안여객터미널
해상교통	제이에이치페리 1644-4410 www.jhferry.com/INCH/
	하모니플라워호(07:50 출발) 약 4시간 소요
	고려고속훼리(주) 1577-2891 www.kefship.com
	코리아킹호(08:30 출발) 약 4시간 소요

바다와 소나무가 함께 노래하는 푸른 섬
대청도

조용한 여행자들이 알아서 찾아오는 그들만의 소중한 여행지

대청도는 유명한 백령도를 이웃으로 두고 있어 매일 백령도로 오가는 배들이 대청도를 모두 경유해 지나간다. 그 덕분에 대청도도 유명해질 때가 되었는데도 불구하고 아직까지 덜 알려져 있다. 인천에서 쾌속선을 타고 3시간 반을 가야하는 먼 거리와 유명세가 덜한 까닭에 대청도의 자연은 순수하게 잘 보존되어 있다. 북적임에 싫증난 여행자들이 알아서 찾아오는 조용한 프라이빗 여행지이다.

섬이란 혼자 있는 시간과 같다.

다른 사람과 비슷하게 모나지 않게 사는 것을 덕목으로 알고 지내던 시대를 지나 나란 도대체 누구인가? 나를 알아야 세상에서 당당하게 살아갈 수 있는 시대가 되었다. 혼자 있는 시간은 나를 가장 나답게 찾아주는 시간이 된다.

그래서일까? 섬도 사람과 같아 뭍에서 떨어져 망망대해에 홀로 있는 섬은 외로워 보여도 당당하고 그 섬만의 독특한 개성에 매료될 수밖에 없다. 대청도로 어쩔 수 없이 유배를 가야했던 선비나 왕족은 배 위에서 어떤 마음이었을까? 그리고 지금 대청도로 향하는 여행자들의 기대는 무엇일까?

대청도는 예로부터 유배지였다.

대청도에 관한 옛 문헌자료를 살펴보면 언제 누가 유배를 왔다는 내용이 대부분이다. 오래 전 대청도는 유배지였기 때문이다. 출렁이는 배 위에서 어딘지 모를 섬으로 하염없이 가야했던 그는 억울함에, 두려움에 가슴 속으로 깊은 눈물을 흘렸을 것이다. 그러나 도착하여 대청도에서 지내게 되면서 아름다운 이곳에서의 시간이 일생 가장 행복했던 시절이었으니 떠나는 배 위에서 아쉬움에 다시 한 번 펑펑 울었을 것이다.

어부상

신진포선착장에서 대청도로 들어오는 길목에 위치한 어부상은 한마음으로 화합하고 단결하여 풍요로운 삶을 누리자는 섬주민들의 염원을 담고 있다. 백령도는 섬이지만 농지가 많아 농업에 종사하는 인구가 많은 반면 대청도는 산이 높고 숲이 푸르며 해변을 따라 고운 모래를 가진 해수욕장이 많고 대부분 어업에 종사한다.

인천에서 쾌속선을 타고 3시간 반을 가야하는 먼 거리와 세상에 덜 알려진 까닭에 대청도는 조용하고 자연스럽다.

적송들이 바다와 어울려 노래하는 소나무 숲
대청도에 왔다면 빠뜨리지 말고 소나무가 숲을 이루고 있는 야트막한 언덕으로 가보자. 바다를 향해 서 있는 적송들이 바다와 어울려 노래하는 소리를 듣고 있노라면 '자연이 주는 위안이 이런 것이구나' 저절로 깨닫게 된다.

작가노트

왜일까? 태어나 처음 왔지만 대청도가 이토록 편안한 것은 무슨 연유일까? 대청도에 발을 딛고 서 있는 나에게 무한으로 용기를 주는 이 편안한 기운은 무엇일까? 인간의 시작점이 바로 바다의 품 속 같은 양수였기 때문일까? 사람의 몸은 반이 넘는 60~70%가 물로 이루어져 있고 지구 역시 같은 양의 물을 가지고 있어 사람의 몸은 소우주라고도 한다. 적송이 가득한 솔숲 언덕에 앉아 모래울 해변을 내려다보고 있으면 나도 모르게 사색에 잠기게 된다. 참 아름다운 곳이다. 감탄을 하는 동안 솔바람은 어느새 내 머릿속 근심을 헤아려 다 날려 보내 준다.

노송보호구역

노송보호구역에서는 최소 200년은 넘은 소나무가 울창한 숲을 이루고 있으며 또 다른 군락지로는 바다 쪽으로부터 마을을 감싸고 있는 사탄동 언덕이 있다. 그밖에도 대청도에는 바다와 맞닿은 곳곳에 적송 군락지가 잘 조성되어 있는데 이 소나무들은 섬 주민들이 모여 사는 내동지역을 지켜주는 방패 역할을 하고 있다. 국내 유명 화장품회사에서 고가의 화장품 재료로 여성의 몸에 좋다는 적송을 구하기 위해 조사를 했는데 전국에서 품질이 제일 뛰어난 적송이 대청도의 소나무였다고 한다.

Zoom IN 대청도

대청도 History
백령진이 폐진된 고려 말부터 조선 초까지 대청·소청 지역은 세곡선을 약탈하려는 해적들의 소굴로 변하고 말았다. 세종 10년에 이르러서 국가적 관심이 증대되고 광해군 1년에 해적 토벌을 위해 다시 진을 설치하고 나서야 안정을 되찾아 점차 많은 주민들이 거주하게 된다. 숙종 때에 이르러서는 중국의 해적선들이 백령·대청·소청 일대에서 불법어로를 일삼고 약탈을 하는 등 횡포가 심했다. 정조 17년 주민입주와 경작을 허락하였으나 주민생활은 쉽게 나아지지 않았다.

대청도 지명 유래
1. 조선시대 명종 때 국모 윤씨가 중병을 앓게 되자 전국에 상기생(桑寄生, 뽕나무에 기생하는 겨우살이로 매우 귀한 명약)을 구하도록 명하였다. 그러던 중 대청도 내동에 있는 뽕나무에서 상기생을 발견하여 진상하자 국모 윤씨의 병이 완치되었다. 그 고마움의 표시로 뽕나무에게 옥관자(玉冠子, 조선시대 당상관 이상의 벼슬아치가 쓴 옥으로 만든 망건의 관자) 1조와 각대(角帶, 벼슬아치가 예복에 두르는 띠) 1조를 하사하고 이 섬은 돌만 있는 암도(岩島)가 아니라 섬의 흙이 기름져 나무가 무성한 큰 섬이라는 의미로 '대청도(大靑島)'라 칭했다고 한다.

2. 예로부터 대청도는 숲이 무성하여 '푸른 섬'으로 불렸고 중국에서 오고 가며 그 음을 한자로 옮겨 '포을도(包乙島)'라 한 것을 다시 고려초에 한자로 쓰게 된 것이 '청도(靑島)'이다. 지명의 유래를 뒷받침하는 문헌이 있는데 송나라 사신 서긍(徐兢)이 1123년 고려에 와서 한 달 동안 머물면서 보고 듣고 한 사실들을 기록한 고려도경(宣和奉使高麗圖經)에 '대청서(大靑嶼)는 멀리서 바라보면 울창한 것이 눈썹을 그리는 검푸른 먹과 같다고 해서 고려인들이 이름을 붙인 것이다. 이날 오각에 배가 이곳을 지나갔다. 소청서(小靑嶼)는 대청서(大靑嶼)와 모양이 같은데 다만 산이 약간 작고 주위에 초석이 많을 뿐이다.' 라고 기술하고 있다.

※대청서에서 '서(嶼)'는 작은 섬이라는 의미의 한자

일제 강점기 고래잡이의 중심지
원래 선진항은 5가구가 사는 아주 작은 마을이었는데 일본은 1918년 이 곳에 동양포경주식회사의 포경기지를 설치하고 1920년부터 30년 초까지 우리나라 고래잡이의 중심지로 삼았다. 고래잡이를 하는 11~4월에는 130여 명의 일본인 상인이 들어오고 그 때 게이샤까지 같이 들어오면서 선진항은 인구가 급격히 증가하게 되어 대청도의 중심지가 되었다. 1945년 광복 이후 포경업은 막을 내렸지만 선진동에는 아직 포경회사의 터가 남아있다.

 **자연이 채색한 푸른 바다와 금빛 모래 대청도 해변**

우리나라에서 해수욕장하면 누구나 동해안을 떠올리지만 대청도의 해변에 도착하고 나면 생각이 바뀌게 된다. 섬을 빙 둘러 돌아가며 형성된 해변들은 산자락에 갇힌 듯 혹은 산이 숨긴 듯 극적으로 아름답기 때문이다. 농여해변, 미아동해변, 지두리해변, 모래울해변, 광난두해변, 독바위해변, 답동해변, 대진동해변, 옥죽동해변까지 대청도의 해변들은 조용하게 찾는 이를 반겨준다.

뭍에서 떨어져
망망대해에 홀로 있는 섬은
그 독특한 개성에
매료될 수 밖에 없다.

대청도에서 가장 유명한 해변은 길이 1km, 폭 100m의 **사탄동해변**이다. 우리나라 10대 해변으로 손꼽히는 해변으로 우거진 해송, 희고 고운 금빛 모래, 푸른 바다가 어우러져 남태평양의 어느 해변에 와 있는 듯 착각하게 한다. '사탄동'이라는 한자이름을 풀어보면 모래 사(沙), 여울 탄(灘)으로 마을 앞에 큰 모래톱이 둑처럼 쌓여 생긴 이름이다. 강한 물살이 많은 모래를 밀고 들어와 만든 해변이라는 의미의 사탄(沙灘)은 그 발음이 악마를 뜻하는 사탄 Satan과 같아 최근 **모래울해변**으로 이름을 바꿔 부르고 있다.

모래울해변 다음으로 추천하고 싶은 해변은 길이 2km, 폭 500m의 티 없이 깨끗한 **농여해변**이다. 간조 때 드러나는 광활한 백사장은 단단한 고운모래가 융단처럼 펼쳐져 걷기 좋으며 만조 때는 보이지 않던 풀등이 여기 저기 나타나 신기한 경치를 펼쳐 보인다. 조금 멀리 시야를 넓혀보면 해변 주변에 바위이지만 나무 같은 결을 가지고 있는 고목나무 바위 등 독특한 기암괴석을 볼 수 있다. 푸른 파도와 바위가 어우러진 티 없이 깨끗한 농여해변의 모래사장을 걷노라면 이곳이 낙원이 아닐까 하는 감탄이 절로 나온다. 농여해변 바로 옆으로는 **미아동해변**이 있는데 썰물이 되어 물이 빠지면 농여해변과 하나로 연결되어 별칭으로 원 플러스 원(1+1) 해변이라고도 한다. 200m 가량 되는 해안이 쌍둥이처럼 나란히 있으며 다른 해안과는 다르게 해변을 따라 풀들이 자라 초록의 천연 잔디가 펼쳐진 듯하다. 1km 폭 300m의 **지두리해변**도 빠뜨릴 수 없는 아름다운 해변 중 하나이다. 지두리라는 말은 '경첩'을 뜻하는 대청도 사투리 '지두리'에서 붙여진 이름이다. 양쪽으로 뻗은 산줄기가 바람을 막아주는 병풍이 되어주는데 그 모양이 마치 경첩같다하여 지두리라 불렀다고 한다. 지두리 해변은 멀리서 보면 뒤에 있는 수리봉이 새의 모양을 하고 있어 신기하다. 이 커다란 새는 마치 먼 길에서 돌아와 바다에 머리를 파묻고 물을 마시며 쉬고 있는 듯하다. 대청도에 도착하면 주민들이 세상에서 가장 큰 새가 대청도에 있는데 잘 찾아보라는 수수께끼를 내주는데, 바로 그 정답이 수리봉이다. 실제로 대청도는 예로부터 새(매)의 고장으로 유명했다. 다른 고장의 매보다 날쌔고 사냥을 잘해서 전국 최고의 매로 이름이 높았던 해동청(海東靑)이라는 새가 살던 곳이다. 그 명성은 원나라까지 알려져 해동청은 칸들의 매사냥과 세계를 누볐던 몽골군의 통신용으로 사용했다고 한다. 수리봉이 내려다보이는 매바위 전망대에 가면 해동청의 지나간 시간을 볼 수 있다.

옥죽동해변은 해변 뒤쪽 산 너머의 모래사막으로 유명해진 해변이다. 해변은 포구의 방파제를 사이에 두고 바다가 둘로 갈라져 있고 길이 1.5km, 폭 50m 크기의 광활한 백사장이 아름답다. 바닷물이 마치 목욕물을 데운 것처럼 따뜻해 가족단위 여행자들의 휴식처로서 추천할 만하다. **답동해변**은 길이 1km, 폭 300m로 노송들이 해변을 둘러싸고 있어 아늑한 분위기이며 백사장 뒤에는 넓은 잔디로 된 뜰과 운동장이 있어 바다를 바라보며 운동을 즐길 수 있다. 특히 이 해변은 우럭·놀래미·농어·가자미·광어 등을 잡는 갯바위 낚시터로도 유명하며 인천 연안부두에서 배가 들어오고 나가는 선진포 선착장 바로 옆에 위치해 있어 배 시간을 남겨두고 둘러보기 좋은 해변이다.

인천에서 북서쪽으로 202km, 옹진반도에서 남서쪽으로 약 40km, 황해도 장산곶과는 불과 19km 떨어진 거리에 위치한 대청도는 서해 5도 북방한계선(NLL) 접경 지역으로 국가안보상 전략적 요충지이다. 따라서 남북의 분단상황을 고려해 섬내에는 출입을 하지 말아야 할 구역이 있다는 사실을 기억하자.

대청도의 동백나무는 4월 중순에 절정을 이룬다.

동백나무 열매는
아낙네의 머리에
윤을 내는 기름으로
꽃과 잎은 약으로
줄기는 숯으로 쓰였다.
나무 재질이 단단해
과거에는 빗, 다식판 등
생활도구의 재료가 되었다.

천연기념물로 보호받고 있는 동백나무 자생 북한지

주로 우리나라 남쪽지방의 따뜻한 해안에서 자라는 동백꽃을 서해, 그 것도 위도로 보아서는 매우 북쪽에 위치한 대청도에서도 볼 수 있다. 동백나무 자생지가 있는 곳은 이 섬에서 가장 높은 삼각산(343m)의 서쪽 능선과 남서방향 능선 사이 남동향 산비탈이다. 북서방향이 막혀 겨울철의 북서 계절풍 영향을 비교적 적게 받고 따뜻한 해류의 영향을 받아 난대성의 동백나무가 자생할 수 있었던 것으로 보인다. 동백나무는 전 세계의 식물구계(植物區系)를 설정할 때, 표지종(標識種)으로 삼는 중요한 식물이다. 또한 동백나무는 나비와 벌과 같은 곤충이 아닌 동박새가 화분을 매개하여 종자가 생기는 조매화(鳥媒花)이다. 동박새는 깃털이 아름다운 작은 새로 동백나무의 꿀과 열매를 먹고 산다. 대청도의 동백나무 자생지는 현재까지 알려진 우리나라의 동백나무 가운데 가장 북쪽에서 자라고 있어 남쪽보다 추위에 강할 것이라 생각되어 품종개량 등의 학술적 자료로 활용하고 있다. 대청도 동백나무 숲은 1933년 천연기념물 제66호로 지정되어 우리나라에서 최북단 동백나무 자생지(冬柏自生北限地)로 보호받고 있다.

동백나무는 향기는 없지만 붉은 색으로 새들을 불러 모은다.

꽃

기형도

내 영혼이 타오르는 날이면
가슴 앓는 그대의 정원에서
그대의
온 밤내 뜨겁게 토하는 피가 되어
꽃으로 설 것이다.

그대라면
내 허리를 잘리어도 좋으리

짙은 입김으로
그대 가슴을 깁고

바람 부는 곳으로 머리를 두면
선 채로 잠이 들어도 좋을 것이다.

*엄동설한 추위를 꿋꿋하게 이겨낸 동백꽃은 때가 되면 꽃잎이 시들지 않아도 통꽃이 툭 소리를 내며 떨어져 보는 이를 숨 막히게 하는 아름다움이 있다. 시인 기형도의 시 '꽃'은 동백꽃이라 말하지 않았지만 마치 동백꽃의 낙화하는 애절한 순간을 보는 듯하다.
참고로 시인 기형도(奇亨度 1960-1989년)의 고향은 옹진군 연평도이다.

우리나라에 사막이 있다면 믿을 수 있나요? 옥죽동 모래사막

아름드리 푸른 소나무 숲 그리고 조용하기만한 바닷가 이외에 대청도에는 매우 신기한 명소가 숨겨져 있다. 우리나라에 사막이 있다면 믿을 수 있나요? 하루에도 몇 번씩 모래가 바람을 타고 산을 넘어 다니는 기이한 진풍경이 바로 이 섬에서 일어나고 있다. 아무 설명 없이 이곳에서 사진을 찍어 보내면 "어디? 외국 갔니?", "거기 사하라 사막이야?"라는 질문을 받게 되는 모래사막이 대청도에 있다. 전설에 따르면 지나가는 스님이 해안에서 그물 일을 하고 있는 어부에게 "저 산에 모래가 올라와 덮이거든 세상이 바뀌는 줄 알아라."라는 말을 남기고 사라졌다고 한다. 그 당시 선진포에 살고 있던 이 어부는 무슨 의미인 줄 모르고 어리둥절해 했으며 그 말을 들은 마을 사람 역시 뜻을 몰라 궁금해 했다고 한다. 그 후로 모래를 실은 바람이 불어와 쌓이기 시작하더니 드디어 모래산을 이루게 되었고 얼마 지나지 않아 해방을 맞았다고 한다. 그 때서야 스님의 말뜻을 깨닫고 탄복했다고 한다. 밀물에 밀려 온 옥죽포 해변의 모래가 썰물에 햇볕에 드러나 바짝 마르게 되면서 그 모래를 바람이 산을 오르며 날라 만든 사막으로 크라이밍듄(Climbing dune)이라고 한다. 환경부에서도 공식적으로 사막이라 부르는 활동 사구로 우리나라에서 거의 유일하게 연흔(Ripple mark)이 생성돼 다양한 사층리 형성과정을 관찰할 수 있다. 또 인근 해안가 보링쉘(Boring shell) 화석, 규암 등 암석 지대와 함께 위치해 보전가치가 매우 높은 자연유산으로 꼽힌다. 이곳은 과거 66만㎡가 넘던 거대 사막이었으나 대청도에는 '모래 서 말은 먹어야 시집을 간다'는 말이 있을 정도로 인근 주민들은 모래 바람 때문에 생활에 큰 불편을 겪다보니 20여 년 전부터 옥죽동 해안에 모래가 산을 넘어오지 못하도록 방풍림을 심었고 사막의 면적은 20년 전에 비해 5분의 1 수준으로 점점 줄어들고 있다. 바람이 만들어 준 자연현상이 기이하기도 하고 한국에서는 찾아보기 힘든 유일한 사막이다 보니 최근 들어 보전대책이 시급한 상황이라는 목소리가 커지고 있다. 모래사막의 가치도 중요하다. 그렇지만 매일 무래바람을 마시며 살아가야 하는 현지인들의 불편한 생활도 한 번 더 생각해 봐야 할 일이다.

모래요정의 장난인가?
대청도 모래사막은 바람이 만들어 준 진귀한 풍경이다.

매바위 전망대

매바위 전망대에 올라 경관을 바라보면 날개를 펼치고 날아가는 형상을 닮은 매바위가 보인다. 예로부터 대청도는 송골매의 일종인 '해동청'의 채집지였다. 대청도 서내동(대청1리)에는 '매막골'이라는 지명이 남아있어 예로부터 매를 기르고 훈련시키는 매막이 있었음을 추측할 수 있다. 고려시대 귀족층에서는 매사냥이 성행했는데 고려 충렬왕은 매 사육 및 매사냥을 담당하는 응방(鷹坊)이라는 관청을 두기도 했다.

대청도와 해동청 진평왕(신라의 제26대 왕, 재위 579~632년) 때 매사냥을 즐겼다는 기록이 남아있는 것으로 보아 우리나라에서는 아주 오래 전부터 매사냥을 했음을 알 수 있다. 고려 중엽에 이르러서는 매사냥이 본격적으로 성행했는데 백령도와 대청도의 매가 전국에서 제일이었으며 이 매를 '해동청 보라매'라고 불렀다고 한다. 해동청(海東靑)은 우리나라에서 산출되었던 사냥용 매의 옛이름으로 송골매를 뜻한다. 매는 세계적으로 널리 분포하지만 몽고인들은 고려 매의 특출함을 알고 매사냥에 해동청을 사용하였으며, 원나라 군대에서는 통신용으로 사용했다. 고려는 매를 담당하는 기관으로 응방(鷹坊)을 설치해 원나라에 매를 공급하였다.

매사냥 매는 날카로운 부리와 발톱, 빠른 비행능력을 가지고 있다. 특히 송골매는 지구에서 가장 빠른 새로 먹이를 쫓아가는 속도가 시속370km가 넘는다고 한다. 이 속도는 우주선이 이착륙할 때의 속도와 같다. 고구려 고분벽화의 매사냥 그림이나 삼국유사 삼국사기 등의 매사냥 기록을 보면 우리나라에서 옛날부터 매사냥이 성행해 왔음을 알 수 있다. 인류 역사상 가장 오래된 수렵문화 중 하나인 대한민국의 매사냥은 전통적 가치와 희귀성을 인정받아 2010년 11월 유네스코 인류무형문화유산으로 등재되었다. 또한 해동청은 최근 개체수가 급격히 줄어 멸종위기를 막기 위해 천연기념물로 지정 보호되고 있다.

고대문헌 자료를 살펴보면 마르코 폴로의 동방견문록에서는 쿠빌라이 칸과 신하들이 해동청이라는 매로 대규모 매사냥을 즐겼다고 하며 중국문헌에서는 고니를 잡을 수 있는 매는 황해고도에 위치한 고려의 해동청 뿐이라는 기록이 남아있다.

매바위 전망대에서 내려다 보이는 **수리봉**은 새의 모양을 하고 있어 신기하다. 이 커다란 새는 마치 먼 길에서 돌아와 바다에 머리를 파묻고 물을 마시며 쉬고 있는 듯하다. 대청도에 도착하면 주민들이 세상에서 가장 큰 새가 대청도에 있는데 잘 찾아보라는 수수께끼를 내주는 데 바로 그 정답이 수리봉이다.

드라마 '기황후'의 배경이 된 대청도

고려사에 의하면 고려초기 중국 원나라 순제가 태자시절 이 곳 대청도에 귀향왔다는 기록을 찾아볼 수 있다. 지금으로부터 약 700년 전의 오래된 이야기지만 인근의 섬에서도 모르는 사람이 없을 정도로 유명한 전설로 남아 전해져 왔다.

그러나 그 이야기는 전설이 아니라 사실이다. 1324년 중국 원나라 명종의 태자 도우첩목아(陶于帖木兒)가 계모의 모함으로 대청도에 유배를 오게 된다. 이듬해 원나라에 돌아가 황제(원 순제 1320~1370년)가 되었다. 순제는 원나라의 마지막 황제로 부인이 고려출신의 기황후이다. MBC-TV 드라마〈기황후〉는 총 51부작으로 2013년 방송되어 큰 인기를 끌었다. 기황후로 배우 하지원, 원 순제의 역에 배우 지창욱이 열연했고 드라마의 배경이 된 대청도에 대한 관심도 높아졌다.

내동에 있는 대청초등학교

원순제의 발자취를 찾아서

1. 옥자포, 고주동 지명유래

고려시대 대청도로 유배 왔던 중국 원나라 명종의 태자 도우첩목아(陶于帖木兒)가 1년 5개월간 대청도에 머물었던 흔적은 시간이 많이 흐른 지금도 옥죽포(玉竹浦), 고주동(庫柱洞) 등 지명으로 남아있다. 옥죽포玉竹浦는 태자가 들어 온 포구라 하여 태자를 의미하는 옥자(玉子)를 써서 예전에는 옥자포(玉子浦)라 했다. 또한 이곳에서 내려 궁터까지 걸어 온 길이 10리라고 전하고 있으며 지금의 고주동은 태자가 창고를 지어 곡식을 쌓아 두었던 곳이었다.

2. 원순제가 살았던 궁궐터는 어디?

태자는 가족과 신하 100여 명과 함께 대청도에 궁궐을 짓고 살았다고 한다. 그 사실은 세종실록지리지에서 "대청도에는 고궁 3칸, 뒷칸 1칸과 담의 옛터가 있다"라고 기록하고 있다. 내동에 있는 대청초등학교 운동장 북쪽에서 2006년 어골문이 시문된 기와편이 빌건되었고 거석하던 집터인 거택기(居宅基)의 유지(遺址)가 남아있어 지금의 내동초등학교가 고려시대 원순제가 살았던 건물지라는 증거가 되고 있다.

3. 삼각산이 대청도에 있는 이유

태자는 대청도에 사는 동안 자기가 살고 있는 곳을 장안이라 부르고 대청도에서 가장 높은 해발고도 343m의 산을 삼각산(三角山)이라 불렀다고 한다. 삼각산이라는 지명은 천자나 왕의 도읍지에만 사용할 수 있으니 대청도에 삼각산이 있는 이유는 원나라 순세가 태자시절 이곳에 궁궐을 짓고 살았다는 증거이기도 하다.

기린소나무 원나라 순제가 대청도에 유배를 왔을 때 모래울해변이 보이는 이 곳 소나무 숲을 거닐다가 이곳의 소나무를 보고 '기린송이구나' 하였다고 한다. 예로부터 중국에는 기린송이 아들을 가져온다는 설화가 전해져 내려오고 있다.

기린소나무

4. 『택리지』의 기록을 보면

"원나라 문종이 순제를 대청도로 귀양을 보냈다. 순제는 집을 짓고 살면서 순금으로 만든 부처를 봉안하고 매일 해가 뜰 때마다 고국으로 돌아가게 해달라고 기도하였다. 마침내 얼마 후 돌아가서 왕위에 등극하게 되었다. (생략) 지금은 섬에 사는 사람이 없고 수목이 하늘을 가리고 있다. 순제가 심었던 뽕나무·옻나무·쑥·꼭두서니 따위가 덤불 속에서 멋대로 자라다가 저절로 말라비틀어졌고 궁실의 섬돌과 주추 자리가 지금도 완연하게 남아있다."

5. 교정우물 이야기

대청도는 작은 섬이기 때문에 원나라 태자가 먹을 만한 물이 없어 걱정을 하다가 고려왕에게 좋은 물을 구해달라고 요청을 했다. 당시의 고려는 원의 지배하에 있었기 때문에 유배 온 태자라 할지라도 최선의 처우를 했다. 고려 충렬왕은 대청도와 가까운 해주의 교정지역을 물 공급처로 선정하고 판서를 감독관으로 주재시켰다. 이후 서울에서 이곳까지 판서가 와 있었다 하여 마을 이름을 판서동이라 불렀고 리의 이름도 판서리라고 하였다. 또한 원나라 태자에게 바친 물이라 하여 헌수정, 태자가 자고 간 곳을 요래동, 태자가 산에 올라 중국을 바라보았다 해서 국사봉이라는 지명이 생겼다고 전한다.

대청도 서풍받이 트래킹 코스

웅장한 수직절벽 서풍받이

서풍받이는 중국에서 서해로 거쳐 불어오는 바람을 온몸으로 막아주는 바위라는 뜻에서 이름이 붙여졌다. 특히 이곳은 해안 절벽이 둘러싸여 있어 경관이 빼어나다. 돌출 해안과 웅장한 절벽의 자태가 눈을 사로잡는다. 또한 갯바위 낚시를 즐기는 이들이 발길을 멈추지 않는 곳으로 청정해역에서 잡아올린 물고기의 참맛을 느낄 수 있으며 출렁이는 푸른 파도를 벗 삼아 서해의 정취를 물씬 느낄 수 있는 곳이다.

웅장한 수직절벽 서풍받이

서풍받이 산책로는 총 구간거리 2.6Km로 난이도가 낮아 누구나 걷기 좋다. **마당바위** 서풍받이 끝자락에 있는 넓은 마당바위에 올라서면 푸른 바다가 한눈에 펼쳐져 가슴을 시원하게 뚫어준다. 섬 끝자락을 에두르며 널찍한 띠처럼 펼쳐진 마당바위에 가려면 반드시 미끄러지지 않는 등산화를 신어야 한다는 것을 잊지 말자. 서풍받이 서해의 파도와 바람을 막고 있으며 깎아지른 웅장한 수직절벽이 바닷가에 우뚝 솟아 아름다운 절경을 이룬다. 하늘전망대 해달별 하늘의 기운을 받아 마음가짐을 새로이 하게 되는 코스이다. 천혜의 비경을 가득 담아 돌아갈 수 있는 이곳이야말로 천상의 휴식처이다. **사람의 옆모습 대갑죽도** 발 아래 보이는 바다 위에는 얼굴 형상을 한 대갑죽도가 보인다. 예로부터 어민들의 무사귀환을 매일 기원해 온 섬으로 이곳 대청도 주민들에게는 매우 소중한 섬이다. **조각바위언덕** 수천 년 전부터 지금까지 대륙으로부터 몰아쳐오는 북서풍의 강한 바람과 그 바람이 일으킨 파도들이 거대한 절벽에 조각을 해서 절경이 탄생했다. 조각바위언덕 위로 햇빛이 닿으면 눈이 부신 아름다운 빛이 사방으로 반사되어 금빛병풍 바위가 펼쳐진다.

섬 여행 TIP

섬에서는 배를 타고 들어가야 하기 때문에 생필품이 대체로 부족하고 가격이 비쌀 수 밖에 없다. 섬 여행 때는 일상용품이나 상비약은 빠뜨리지 말고 꼭 챙겨가자. 챙길 때, 섬주민과 정을 나눌 수 있는 작은 선물도 준비하면 좋다. 섬은 과일이 나지 않아 귀하니 참고하면 좋다.

수목이 무성한 작은 섬 소청도

소청도(小靑島)는 인천에서 서북쪽으로 210km 거리에 있는 작은 섬이다. 조선시대 이전까지는 소암도(小岩島)라 했으나 수목이 무성한 섬이라 해서 소청도로 불리게 됐다. 섬은 동서로 긴 구릉성 산지이고 해안선을 따라 급경사의 기암괴석으로 이루어져 있다. 소청도 사람들은 예동, 노화동 두 곳에만 모여 살고 있다.

서해를 오가는 배들의 길잡이 소청등대

1908년에 만들어진 소청등대는 우리나라에서 팔미도 다음으로 설치된 오랜 역사를 가지고 있다. 서해 일대와 중국 산동성과 대련지역을 항해하는 각종 선박들의 중요한 길잡이 역할을 했다. 2006년 12월 첨단시설의 새 등대가 만들어지면서 예전 등대는 임무를 마치고 쉬고 있는 듯 조용하게 서 있다. 만들어질 당시 등대에서 사용했던 해시계가 아직도 그 자리를 지키고 있어 지나간 시간을 말해 주는 듯하다.

화장을 한 듯 뽀얀 바위 분바위

분바위는 소청도의 푸른 바다와 조화를 이루며 분칠을 한듯하다 해서 붙여진 이름이다. 달빛에 비추는 모습이 하얗게 띠를 두른듯하다 해서 '월띠(月띠)'라고도 하는데 그믐밤 바다에서 소청도로 들어오는 배들의 길잡이 역할을 하기도 했다. 해안선을 따라 푸른 바다와 초록빛 산 사이에서 하얗게 빛나는 모습이 매우 인상적이다.

백령도로 가는 배는 모두 소청도를 경유해서 가기 때문에 교통이 편리하다.

소중한 암석 스트로마톨라이트

소청도 스트로마톨라이트는 국내에서 가장 오래된 박테리아 화석(원생대 후기: 약 6억 내지 10억 년 전)이다. 스트로마톨라이트(Stromatolite)란 바다나 호수 등에 서식하는 남조류 등이 만든 생퇴적구조(生堆積構造) 화석으로 석회암의 일종이다. 이 화석은 고생대 이전인 선캄브리아기의 환경과 생명의 탄생 기원을 이해하는데 매우 중요한 학술적 가치를 갖고 있다. 스트로마톨라이트가 발달한 소청도의 석회암은 일제강점기 때 일본인들이 건축 재료로 채석하면서 훼손되어 규모가 많이 줄었다. 2009년 학술적 가치를 인정받아 천연기념물 제508호로 지정해 보호하고 있다.

PART 5

신이 만들어 준 선물
덕적면

덕적도 | 소야도 | 지도 | 문갑도
백아도 | 선미도 | 울도 | 굴업도

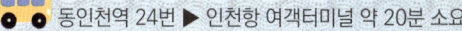 동인천역 24번 ▶ 인천항 여객터미널 약 20분 소요
경인고속도로 ▶ 외곽순환도로 ▶ 인천항 연안여객터미널
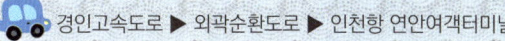 대부해운 032)832-8090 www.daebuhw.com
대부고속페리 5호(08:00 출발) 약 2시간 30분 소요
고려고속훼리(주) 1577-2891 www.kefship.com
스마트호·코리아나호(수시변경) 약 1시간 20분 소요

신이 만들어 준 선물
덕적면

덕적면(德積面)은 42개의 유·무인도가 펼쳐져 있어 덕적군도(德積群島)라 부른다. 섬의 수가 많은 만큼 다양한 이색 볼거리가 있어 옹진해변의 지존이라는 별칭이 붙어 있다. 사람이 살고 있는 유인도로는 중심이 되는 섬 덕적도를 비롯하여 소야도, 굴업도, 백아도, 울도, 지도, 문갑도, 선미도가 있다. 덕적도는 7개의 자식들을 품고 있는 듯한데, 크기 면에서도 그렇지만 자식 섬으로 가려고 하면 인천항 여객터미널에서 출발하여 먼저 덕적도에 도착 후 다른 배로 갈아타야 갈 수 있기 때문이다. 최근 굴업도가 폭발적인 관심을 끌면서 주말에는 덕적도를 비롯하여 덕적도의 유인도 섬들 모두 미리 배편 예매를 하지 않으면 갈 수 없을 정도로 인기가 높다.

덕적도의 갈대숲은 여행자의 감성을 흔든다.

해상왕국의 바닷길 덕적도 History
덕적면 지역은 기록상으로 우리나라 도서 가운데 가장 오래된 역사의 고장이다. 백제가 중국과 교류를 시작한 근초고왕 27년(372년) 이후 고구려의 공격으로 한강유역을 상실한 개로왕 21년(975년)까지 100여 년 동안 사용되던 해상통로의 거점 지역이 덕적면이었기 때문이다. 인천 능허대에서 출발하여 덕적도를 거쳐 황해를 횡단하고 중국 산동반도의 등주·내주로 이르는 항로로 오래전부터 중국과의 교류를 위한 가장 중요한 위치에 있었다. 이 후 통일신라시대로 들어오면서 동양의 해상지배권을 장악해 해상왕국으로 등장했던 시대에도 덕적도는 바다로 나가는 관문으로서 중요한 역할을 했으며 고려 시대에도 해상활동의 중요한 지역이었다.

빨강색 우체통이 맞아주는 도우선착장

인천항 여객터미널에서 쾌속선을 타고 1시간이면 도착할 수 있는 덕적도에서 제일 먼저 만나는 곳이 도우선착장이다. 차도선을 타면 2시간 40분이 소요된다. 덕적도로 가는 여객선을 타는 곳은 인천항 여객터미널과 방아머리선착장 두 곳이 있다. 덕적도의 선착장에는 특이하게도 '덕적도 사랑의 우체통'이 가장 먼저 눈에 들어온다. 뭘까? 빨강색 우체통에 다가가 보니 진짜 우체통이다. 육지에 두고 온 가족이나 연인이 그리워지는 섬에서 발견한 우체통이라 더욱 반갑다. 사랑하는 사람에게 섬 이야기를 담은 편지를 보내는 것도 낭만적이라는 생각을 해 본다. 선착장에서는 배가 도착하는 시간에 맞춰 버스가 기다리고 있다. 버스가 없는 섬들도 많이 있으니 섬여행에서 만나는 버스는 여행자에게 제일 반가운 친구다. 덕적도는 능동자갈해변까지 가는 북리행과 서포리행 두 대의 공영버스가 하루 평균 9회 운행해 섬을 찾는 사람들에게 편의를 제공하고 있다. 선착장을 나서면 커다란 민어를 들고 있는 어부상을 볼 수 있다. 과거에는 수천 척의 어선들이 몰리는 민어파시가 열렸을 정도로 북적이던 덕적도였다. 그 시절의 영화를 기억해 달라는 듯 민어를 들고 서 있는 씩씩한 어부를 보면서 다시 민어들이 덕적도로 몰려오기를 바라본다. 도우선착장 주변에는 식당, 커피전문점, 슈퍼 등이 모여 있다. 집에서 출발할 때 빠뜨린 여행 필수품이 있다면 선착장에서 구입하고 덕적도 여행을 시작하자.

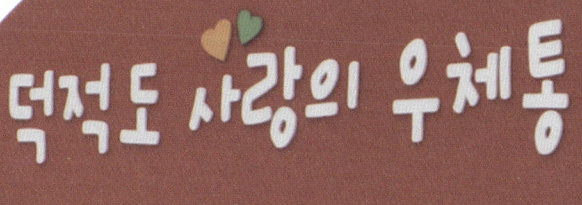

덕적도 사랑의 우체통

추억을 남겨주세요

덕적 바다역에서 사랑하는 가족, 연인 친구들에게
소중한 추억과 사랑의 메시지를 남겨주세요.
누군가는 사랑을, 누군가는 희망을, 누군가는 추억을,
그리고 보고픔을...
이곳 덕적바다 사랑의 우체통을 통해 배달해 보세요.
우리들의 아름다운 사연들을 덕적 바다역에서 소중히
보관하여 훗날 설레임이 가득한 추억을 보내드리겠습니다.

서해바다 제1의 해변 **서포리해변**

덕적도의 서쪽에 위치한 서포리해변은 서해안에서 제1의 해변으로 손꼽히는 스타 해변이다. 그 명성만큼 30만평 규모의 드넓은 백사장이 끝없이 펼쳐져 있고 주변은 200년이 넘는 해송 숲과 어우러져 한 폭의 그림처럼 아름답다. 이런 멋진 해안 풍경은 영화 '고양이 장례식(2015년, 강인, 박세영 주연)'을 통해 스크린에 담겨졌다. 배우 박세영은 인터뷰에서 "촬영시기가 추운 겨울이어서 섬을 오고가며 촬영하느라 힘들었지만, 아름답고 감성적인 섬 풍경을 관객들에게 화면으로 보여드릴 수 있어 기쁘다"고 덕적도에서의 촬영 소감을 말하기도 했다. 서포리해변의 갯바위에서는 낚시를 던지자마자 우럭과 놀래미가 올라 낚시꾼들을 즐겁게 해주고 해변 뒤편에는 서포리 소나무 숲 산책로가 있다. 수백 그루의 적송 군락에서 산림욕을 할 수 있는 서포리 소나무 숲은 2010년 아름다운 숲 전국대회에서 '아름다운 어울림상'을 수상했다. 서포리해변에서는 캠핑도 가능한데 많은 수요를 수용하지 못하기 때문에 미리 홈페이지를 통해 예약을 해야 이용 가능하다. 해변 동쪽에 있는 서포리 선착장으로 가면 섬을 드나드는 육지 사람들을 검문하는 듯 보이는 투구바위가 있다. 우뚝 선 바위 정상에서 소나무 한 그루가 자라고 있는데 바위의 모양이 투구를 쓰고 있는 것 같기 때문이다. 바닷가 풍경을 만끽하였다면 이제는 서포리해변에서 시작하는 약 1.2km의 거리의 등산로를 따라 비조봉으로 올라가 보자. 시원한 바닷바람을 타고 가볍게 올라 갈 수 있는 등산 코스이다.

갯바위 낚시를 즐길 수 있는 **소재해변**

소재해변은 도우선착장에서 성황당고개를 넘어가면 만날 수 있다. 소재해변의 명물은 바닷가 쪽으로 보이는 조그마한 바위섬이다. 바닷가에 우뚝 솟은 기암괴석 사이로 소나무가 자라고 서해안 어느 곳에서도 볼 수 없는 에메랄드처럼 맑고 푸른 바다가 펼쳐진다. 갯바위 낚시를 즐길 수 있고 바지락 등 조개류가 많아 조개캐기 체험도 가능해 가족단위 휴양지로 적합한 해변이다.

강인 박세영 주연의 영화
〈고양이 장례식〉

비조봉 정상은 서포리해변에서 시작하는 등산로를 따라 올라갈 수 있다.

소재해변

모처럼 깔린 능동자갈해변

능동자갈해변에서 가장 아름다운 순간은 해가 지는 일몰이다.

낙조가 아름다운 해변 능동자갈해변

도우선착장에서 8km 떨어진 곳에 꼭꼭 숨어있는 능동자갈해변은 까만 호박돌이 깔린 자갈해변이다. 썰물에 밀리고 밀물에 떠밀려 모난 구석이 없이 반질반질하게 된 호박돌들이 바다 속까지 깔려 있어 맨발로 걸으면 자연스레 지압효과를 볼 수 있고 자갈을 밟으며 해수욕을 하는 특별한 경험도 할 수 있다. 자갈해변에 여름이 찾아오면 언덕마다 빨갛게 해당화가 피어나고 왼쪽 언덕에서 자라는 아카시 나무 향기가 좋다. 또한 입구에 있는 갈대숲은 자갈해변과 어울려 여행자의 감성을 흔든다. 이곳에서 가장 아름다운 순간은 해가 지는 일몰이다. 연인과 함께 덕적도에 왔다면 능동자갈해변의 낙조 풍경을 놓치지 말자. 해변 한 쪽에는 장군바위가 우뚝 서 있고 매를 닮은 큰 바위와 나무같은 바위들이 있어 신기함을 더해준다. 물이 많이 빠지는 날에는 큰 바위 틈에서 주먹만 한 소라를 주울 수 있다.

푸른 바다를 품고 있는 밧지름해변

밧지름해변은 비조봉 바로 아래에 있는 해변으로 규모는 작지만 한적하고 경사가 완만하며 수심이 1.5m 정도여서 편안한 휴식을 즐기고 싶은 사람들이 찾는 곳이다. 곱고 깨끗한 황금빛 모래사장에서 파도 소리를 듣고 있으면 수백 년 된 해송 600여 그루에서 솔바람이 불어와 상쾌함을 더해준다. 여름철에 피어나는 해당화는 어린 시절 동요를 떠올리게 해 저절로 추억에 젖게 해준다. 해변을 걸으며 예쁜 조개껍질을 골라보고 갯바위 주위에서 소라, 게 등을 잡는 즐거움도 크다. 해변 왼쪽에는 갯바위 낚시로 유명한 큰 여(나무가 자라지 않는 암초)와 작은 여가 차례로 절경을 드러낸다.

덕적군도 비경 포인트 비조봉

덕적도에는 높이 292m의 비조봉(飛鳥峯)이 우뚝 서 있다. 비조봉은 수백 년 된 적송림과 정상 부근에 장엄한 암벽이 펼쳐지는 산세로 유명하다. 선착장에서 걸어서 고개 하나를 넘거나 공영버스를 타고 면사무소에서 내려 섬마을 골목길을 따라 걸어 들어가면 농협 덕적지소가 나온다. 바로 그곳에서 비조봉으로 향하는 등산로 길이 시작된다. 적송, 소사나무, 굴참나무가 우거진 산길을 1시간 정도 올라가면 비조봉 정상에 닿을 수 있다. 정상에 서면 사방 탁트인 덕적군도 전경이 펼쳐진다. 비조봉 정상은 안개가 자주 끼는 곳으로 유명한데 안개가 걷히는 순간의 경관이 너무도 신비스러워 탄성이 절로 나온다. 정상에서 내려올 때는 서포리해변 또는 밧지름해변으로 갈 수 있는 두 길이 있다.

조난자 위령비
자갈마당 입구 한 편에는 조난자 위령비(遭難者慰靈碑)가 있다. 1923년 태풍으로 굴업도가 큰 피해를 입게 되자 덕적도 북리항이 새로운 항구 역할을 하게 되었다. 하지만 북리항 역시 1926년부터 5차례에 걸친 태풍으로 수백 명의 어부들이 목숨을 잃게 되었다. 1931년 이들을 위로하기 위해 조난자 위령비를 세웠다.

민어파시로 번창했던 북리항

연평도가 조기파시로 이름을 떨치던 시절에 덕적도 북리항은 민어파시로 성시를 이루었다. 당시에는 덕적도 앞바다가 민어의 산란장이었기 때문이다. 1937년의 북리항은 수천 명의 어업 종사자들로 발 디딜 틈이 없을 정도로 번창했다. 그러나 무분별한 모래채취와 남획으로 인해 덕적도에서 더 이상 민어를 찾아볼 수 없게 되었고 지금은 꽃게잡이로 겨우 명맥을 유지하고 있다. 포구를 밝히는 북리등대와 북리 파시촌만이 그 당시의 풍경을 간직하고 있을 뿐이다.

고마운 최분도 신부님

"내가 너희를 사랑하였듯이 너희도 서로를 사랑하라."

1959년 미국 뉴욕 메리놀 신학대학을 졸업한 베네딕트 즈베버 신부는 메리놀 외방교회 사제로 한국에 왔다. 1966년 덕적도 본당의 주임신부로 부임해 10년간 서포리에 머물면서 덕적도에 병원을 설립하고 상수도와 전기를 공급했으며 대규모 간척사업을 하는 등 덕적도 주민들의 자립과 복지를 위해 큰 공헌을 했다. 푸른 눈의 키 작은 신부님 베네딕트 즈베버, 한국이름은 최분도 신부님이다. 마을 주민들은 고마운 신부님을 오래 기억하기 위해 서포리해변 입구에 그를 기리는 공덕비를 세웠다.

대한독립만세를 외치다 섬마을 학교 3·1운동 기념비

1919년 4월 9일 진리해변에 위치한 덕적초중고교에서 100여명의 덕적도 주민들이 모여 만세삼창을 하면서 독립만세운동을 시작했다. 이후 섬마을에 일본경찰들이 들어와 피비린내 나는 검거가 시작되었다. 대한독립을 위해 목숨을 바쳤던 이들을 기리기 위해 3·1운동 60주년이 되던 1979년에 덕적도에 기념비를 세워 그 뜻을 기리고 있다.

서포리 소나무 숲은 2010년 아름다운 숲 전국대회에서 아름다운 어울림상을 수상했다.

작은 덕적도 소야도

소야도(蘇爺島)는 덕적도 남쪽으로 약 500m 거리에 있는 섬으로 작은 섬이지만 덕적도와 같이 산세가 험해 '작은 덕적도'라 불린다. 섬 중앙 지점에 해발 158m의 국사봉을 중심으로 100m 이상의 산봉우리와 낮은 산봉우리가 산줄기를 이루고 있어 평지가 거의 없고 좁은 계곡과 기복이 심한 구릉이 이어져 있다. 소야도의 명칭은 당나라 장수 소정방이 나당연합군으로 백제를 침공할 때 이곳에 머물렀다고 해서 붙여진 이름이다. 소야는 '소(蘇)'씨 성을 가진 높은 관리(爺)'를 뜻해 이름만으로도 소정방과 관련이 있음을 알 수 있다. 소야도를 가려면 인천항여객터미널에서 덕적도 가는 배를 타면 된다. 약 1시간 정도 소요된다. 인천항으로 되돌아 나올 때는 반드시 소야도 선착장에 10분 전까지는 대기해야 탑승할 수 있다. 소야도로 들어온 배는 오래 머물지 않고 탑승 후 바로 덕적도를 거쳐 바로 인천항으로 떠나기 때문이다. 물때 및 기상, 선박사정에 의해 배가 뜨지 않을 수 있고 증편되는 선박인 경우 소야도에 가지 않을 수 있다. 정확한 배편은 고려고속훼리(주) (1577-2891, ARS)로 문의 해보고 출발하자.

소야도에서는 가섬, 갈섬, 송곳여, 물푸레섬을 볼 수 있고 소야도의 대표명소는 하루 한 번 바다가 갈라져 모세의 기적이라 불리는 떼뿌리해변이다. 바닷물이 다 나가고 나면 길게 펼쳐진 모랫길이 진도의 바닷길보다 800m 긴 1.3km를 자랑한다. 또한 다른 곳과 달리 뚜렷한 바닷길의 형태가 주변 경관과 어우러져 이국적인 정취를 느낄 수 있다. 떼뿌리해변은 '뗏부루'라고도 하는데 띠풀이 많이 나와 붙인 이름이라고 한다. 떼뿌리해변은 1km 남짓한 은빛 모래사장이 펼쳐지며 넓은 잔디야영장과 우거진 숲이 진풍경을 이룬다. 아직까지 잘 알려져 있지 않아 깨끗하고 순수한 자연의 모습을 그대로 갖추고 있다.

덕적도는 마치 7개의 자식들을 품고 있는 듯한데 크기 면에서도 그렇지만 자식 섬으로 가려고 하면 인천항 여객터미널에서 출발하여 먼저 덕적도에 도착 후 다른 배로 갈아타야 갈 수 있기 때문이다.

덕적면은 42개의 유, 무인도가 펼쳐져 있어 덕적군도라 부른다.
섬의 수가 많은 만큼 다양한 이색 볼거리가 있어
옹진해변의 지존이라는 별칭이 붙어 있다.

하늘에서 본 소야도 전경

문갑도는 아이들과 함께 조개를 잡으며 신나는 갯벌체험을 즐길 수 있다.

선비들의 섬 문갑도

섬의 모양이 선비들이 사용하는 책상(문갑文匣)처럼 생겼다고 해서 또는 섬사람들이 매우 유식하다고 해서 문갑도(文匣島)라 부르게 되었다고 한다. 정유재란 당시 강릉 김씨가 섬에 들어와 서당을 세우고 글을 가르치면서부터 매우 작은 섬이긴 하지만 많은 학자들이 배출되고 섬 전체가 글 읽는 소리로 요란할 정도였다고 한다. 문갑도에서 가볼 만한 곳은 조용하고 아늑한 한월리해변으로 경사가 완만한 백사장과 조용하고 아늑한 분위기가 일품이다. 섬 앞바다에서는 꽃게, 우럭, 놀래미가 잡히고 해변 근처에서 아이들과 함께 조개를 잡으며 신나는 갯벌체험을 즐길 수 있다.

바다낚시로 유명한 지도

지도(池島)는 덕적도에서 남쪽으로 14km 거리에 위치하며 섬 전체가 바다낚시터로 유명하다. 지도 주변 바닷가에는 우럭과 놀래미 등이 많이 서식해 해마다 수천 명의 낚시꾼들이 몰려들고 있다. 섬에는 전체적으로 소나무가 군락을 이루고 있으며 해안 암벽을 따라 소사나무가 우거져 있다.

흰 어금니를 닮은 섬 백아도

백아도(白牙島)는 지도상으로 보면 주위가 모두 벼랑으로 배를 댈 만한 곳이 거의 없는 섬이다. 백아도의 원래 이름은 '배알'이었는데 행정구역을 개편하면서 섬의 모양이 흰 어금니처럼 생겼다고 해서 백아도로 불리게 되었다. 백아도 앞바다에 떠 있는 선단여바위(仙丹女岩)는 생김새도 심상치 않지만 전해 내려오는 전설마저 슬프게 다가온다. 아주 옛날 늙은 부부와 남매가 살고 있었는데 갑자기 부모님이 돌아가시자 외딴 섬에 살던 마귀할멈이 여동생을 납치해 갔다. 남매는 어쩔 수 없이 떨어져 살게 된다. 그 후 성인이 된 오빠가 배를 타고 나갔다가 풍랑을 만나 이름 모를 섬에 피신하게 되었는데 그 곳에서 아름다운 아가씨를 만나 사랑에 빠지게 된다. 이 아가씨가 바로 어릴 적 헤어졌던 여동생이었다. 이를 안타깝게 여긴 하늘에서 선녀를 보내 둘의 관계를 설명하지만 이들은 끝내 그 사실을 인정하지 않으려고 한다. 고집을 부리는 이들에게 하늘은 오빠와 여동생 그리고 마귀할멈에게 차례로 번개를 내리친다. 그 후 이곳에 세 개의 바위가 우뚝 솟아났는데 사람들은 이것을 '총각바위', '처녀바위', '할미바위'라 하기도 하고 선녀가 이를 안타까워 붉은 눈물을 흘리며 하늘로 올라간 곳이라 하여 '선녀단'이라고 했다. 세월이 지나면서 지금은 '선단여바위'라 부르고 있다.

꿩의 바람꽃

제비꽃

선미도 등대

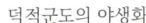
양지꽃

덕적군도의 야생화

덕적도의 예쁜 꼬리 선미도

선미도(善尾島)는 덕적도에서 북서쪽으로 500m 거리에 위치해 손에 닿을 듯 마주보고 있는 섬이다. 본래 무인도였으나 1937년 선미도등대가 설치되면서 등대관리인이 거주하고 있다. 섬의 지형이 워낙 험악해 '악험(惡險)'이라는 지명으로 부르다가 등대가 설치된 이후 덕적도의 '예쁜 꼬리'라는 뜻에서 선미도로 불리게 됐다. 선미도등대는 1937년 설치된 유인등대로 고기잡이가 성황을 이루던 시절 어선들의 든든한 길잡이를 해 주던 등대다. 등대 주위로 풍경이 아름답게 어우러져 있으며 우리나라 유인등대 중 가장 높은 곳에 위치해 있다.

백아도 선단여바위

떠나기 섭섭해 울고 가는 울도

덕적도에서 남서쪽으로 23km 거리에 위치하는 울도(蔚島)는 작고 아담한 크기의 섬이지만 빛나는 자연을 잘 간직하고 있다. 덕적도와 가장 많이 떨어져 있어 '올 때는 멀어서 울며 오고, 갈 때는 주민들의 인심에 떠나기 섭섭해 울고 간다'고 해서 울도란 이름이 붙여졌다고 한다. 울도는 해안선을 따라 기암괴석과 수목이 조화를 이루어 한 폭의 그림을 보는 듯하고 가는 곳마다 바다낚시가 가능하다. 울도와 인근 무인도에서는 우럭이 많이 잡혀 바다낚시로 각광을 받는 섬이다.

울도 앞바다

해안경관이 수려한 굴업도

굴업도(屈業島)는 덕적도에서 남서쪽 약 13km에 위치하며 섬모양이 사람이 엎드려서 일하는 것처럼 생겼다하여 붙여진 이름이다. 거센 조류와 파도, 바람이 만들어낸 독특한 해안지형으로 천혜의 자연경관을 간직하고 있는 섬이다. 서쪽해변은 산이, 양끝에는 암벽이 각각 서 있는 형태를 띠고 있어 아늑한 느낌을 주고 야생화와 해당화가 피는 구릉지는 시원한 그늘을 제공해 휴양지로 아주 좋은 곳이다. 고운 모래와 투명한 바다가 펼쳐지는 굴업해변은 모래가 너무 고와 발자국이 남지 않을 정도이며 맑고 투명한 바다가 펼쳐지는 해변이다. 썰물 때에도 갯벌이 아닌 백사장이 이어지는 굴업해변의 모래는 손으로 잡으면 모두 빠져나갈 만큼 아주 곱다. 바닷물도 맑아 허리 깊이에서도 발가락의 움직임을 볼 수 있다. 오랜 세월 파도가 오가며 다듬어 놓은 아름다운 해변을 걷다 보면 마음의 여유를 찾게 된다.

굴업도 얼굴바위

굴업도, 백아도, 울도, 지도, 문도, 문갑도에 가려면 인천항 여객터미널에서 출발하여 덕적도 진리 도우선착장에서 내려 다시 덕적-울도선 배로 갈아타고 간다. 하루에 한번 운항을 하며 주말에 가려면 미리 예매를 해야 갈 수 있다는 점을 참고하자. 배편은 가보고 싶은 섬 http://island.haewoon.co.kr/에서 확인할 수 있다.

PART 6

아름다운 달이 차고 기우는
자월면

자월도 | 승봉도 | 이작도

대중교통	동인천역 24번 ▶ 인천항 여객터미널 약 20분 소요
자가운전	경인고속도로 ▶ 외곽순환도로 ▶ 인천항 연안여객터미널
배시간표	대부해운 032)834-7617 www.daebuhw.com 대부고속페리 5호(08:00 출발) 약 1시간 20분 소요 고려고속훼리(주) 1577-2891 www.kefship.com 웨스트그린호(08:30 출발) 약 1시간 소요

아름다운 달이 차고 기우는

자월면

자월면(紫月面)은 4개의 유인도(자월도·대이작도·소이작도·승봉도)와 9개의 무인도(대초치도·소초치도·벌섬·동백도·선갑도·하공경도·사승봉도·금도)를 포함하고 있다. 유인도와 무인도의 구분은 기본적으로 사람이 살고 있는가에 대한 기준이지만 국제해양법을 살펴보면 우선, 섬에 두 세대 이상 거주해서 살고 있어야 하고 먹는 물이 있어야 하며 나무가 자라야 유인도라고 규정하고 있다. 한 세대 또는 한 사람이 살고 있는 경우는 유인도라 부를 수 없다고 하는데 곰곰이 생각해 보면 고개가 끄덕여 진다. 자월면의 자월도, 대이작도, 소이작도, 승봉도는 마치 한 마을에 살고 있는 이웃처럼 가까운 거리에 있다. 섬여행을 하고 싶지만 처음이라 걱정이 많다면 자월면에서부터 섬여행을 시작해 보자. 인천연안부두 여객터미널에서 약 1시간 걸리는 가까운 섬이라 최근 수도권의 새로운 여행지로 사랑을 듬북 받고 있다. 자월면 여행을 하려면 주중에는 여객선이 하루에 한번 운행을 하기 때문에 1박2일의 시간을 준비해야 한다. 주말을 이용하면 여객선이 하루 3회를 운항해서 당일여행도 가능하다.

꿈꾸는 여행자를 반겨주는 자월도

달은 과학적으로 접근을 해보면 암석 덩어리에 지나지 않는다. 사람들이 달을 보며 상상했던 토끼와 계수나무는 아폴로가 달에 착륙하면서 끝나버렸다. 그러나 예로부터 밤하늘을 환하게 비추는 달은 시인의 감성을 흔들었고 옛 이야기의 션남선녀의 만남을 달빛 아래에서 시작하게 하였다. 또한 선비들에게는 모난 마음을 다스리는 대상이 되었고 한이 많았던 여인에게는 삶을 다독여 주는 고마운 존재였다. 과학이 달의 신비를 몽땅 벗겨 버린 듯하지만 인간의 저 깊은 감성의 바닥에는 여전히 달에 대한 로망이 살아 있다. 그래서일까? 자월도로 향하는 마음도 달처럼 둥실 뜨게 된다. 제일 먼저 발을 내딛게 되는 곳의 이름도 달바위선착장으로 두 개의 초승달을 형상화한 선착장 입구가 꿈꾸는 여행자를 반겨 준다.

자월도(紫月島)는 자월면의 주도로 인천에서 서남쪽으로 35km 지점에 있다. 면적은 7.26㎢이고, 해안선 길이는 20.4km이며 동서로 길이가 6km 가량 되는 길쭉한 모양이다. 주변에는 소이작도·대이작도·승봉도 등이 있다.

자월도를 천천히 걸어보자.

영흥도와 덕적도 중간쯤에 있는 자월도는 삼국시대부터 조선 후기까지 '소홀도(召忽島)'라는 이름으로 불렸다. 옛 문헌에 많이 나오는 소홀도와 같은 지명들은 우리말 이름을 한자로 나타낸 향찰식 표현이라 글자만 들여다보면 그 뜻을 전혀 이해할 수가 없다. 당시 말의 어원을 찾아보면 '소(召)'는 조그맣다는 의미이고 '홀(忽)'은 동네나 골짜기를 나타내는 말로 '작은 마을 섬'이라는 우리말 이름을 소리만 빌어 바꿔 놓은 것이라고 해석할 수 있다. 자월도는 오래된 옛이름의 의미 그대로 작은 섬이다. 자동차를 싣고 자월도에 오는 차도선이 하루에 한 번 오고 가지만 10대만 선착순으로 실을 수 있고 비용도 많이 들어 권하고 싶지 않다. 여행의 맛은 두 발로 걸어야 제대로 느낄 수 있다. 차를 타고 주마간산으로 경치를 본 사람은 책장을 휘리릭 넘기기만 한 사람과 같기 때문이다. 천천히 시간을 두고 책을 읽어 낸 사람의 깊이를 따라 갈 수 없는 것과 같은 이치이다. 자월도는 걷기 여행을 즐기는 사람에게 꼭 추천하고 싶은 아담한 섬이다. 택시는 없지만 여객선 운항시간에 맞춰 섬을 다니는 공영버스가 선착장에서 기다리고 있고 숙박업소들도 승합차로 이동시켜주기 때문에 자월도는 차가 없어도 여행하기 편한 섬이다.

인천의 섬을 구석구석 다니다보니 섬으로만 여행 다니는 사람들을 만나게 된다. 그들에게 섬을 찾는 이유를 들어보면 진정한 걷기여행을 하려면 섬으로 가야 한다고 입을 모은다. 좋다고 소문이 난 육지의 둘레길들은 주변의 소음과 밀려드는 사람들로 고행이 된 지 오래라 걸을수록 마음이 불편해지는 게 현실

이다. 이 시대에 걷기에서 얻는 사유의 힘을 기르기 위해서는 조용한 섬여행이 답이다. 자월도에는 그리 높지 않은 국사봉(166m)이 솟아 있어 산과 바다여행을 한 번에 즐길 수 있는 일석이조의 섬이다. 특히 벚꽃이 피는 봄날에는 30년이 넘은 벚나무들이 국사봉에 분홍 띠를 두르고 어서 오라고 손짓한다. 육지에서 벚꽃이 질 무렵부터 자월도의 벚꽃들은 기지개를 켜고 피어나기 시작한다. 도시의 벚꽃들이 바닥에 깔려 아쉬운 마음이 컸다면, 바빠서 벚꽃을 즐길 여유를 놓쳤다면, 자월도의 국사봉 길을 추천한다. 자월도라는 아름다운 이름은 숙종 37년 1711년 〈비변사등록〉에 처음으로 등장한 것으로 보아 조선 중기 이후부터 쓴 것으로 보인다. 글자 그대로 해석하면 '자줏빛 달'이라는 뜻인데 전해오는 유래는 다음과 같다. 자월도는 예로부터 토지가 비옥할 뿐 아니라 전답이 많았던 곳이다. 이때는 남양부의 소속이었기 때문에 남양부 호방(재무담당관리)이 세금을 걷으러 왔다가 일을 마치고 돌아가려 했으나 거센 바람이 며칠동안 불어 돌아가지 못하고 초조한 마음으로 고향 땅을 바라보니 검붉은 달이 희미하게 보여 붉은 자(紫)와 달 월(月) 자를 써서 자월(紫月)이라 부르게 된 것이라고 전한다. 그런데 자월도에서 태어나 육지로 나가 살다가 고향으로 돌아와 사는 이는 이곳에 뜬 달을 보면 마음이 시원해지는 푸르른 달이라고 말한다. 아마도 자월도의 달은 바라보는 사람의 마음을 그대로 투영하는 것 아닐까? 자월도에서의 달이 유독 아름답다면 그것은 그대의 마음을 닮은 것이다.

독바위 썰물 때면 건너갈 수 있는 길이 드러나 홍해를 가르는 모세의 기적을 체험해 볼 수 있다.

섬의 달력에는 낯선 표시가 있다.

당신이 감상에 젖어 바라보는 자월면의 달은 오늘도 바닷물을 밀고 당기며 바다의 생명들을 키워내고 섬사람들을 살찌우고 있다. 바다의 하루는 육지와 다르다. 섬의 달력에는 낯선 표시가 있다. 달에 의해 만들어지는 간조와 만조를 표시한 것인데 배를 타고 나가야할 때와 갯벌에서 소라, 고동, 굴, 낙지 등을 얻어야 할 때를 알려준다. 자연의 순리를 거스르지 않고 순응하며 순하게 살아가는 곳이 섬이다. 자월도는 물이 들어 올 때와 물이 빠져 나갔을 때의 조석간만의 차이가 크기 때문에 인천연안부두 여객터미널에서 출발하는 여객선 운항 시간이 날마다 조금씩 달라진다는 점을 알아두자.

Zoom IN 바다상식

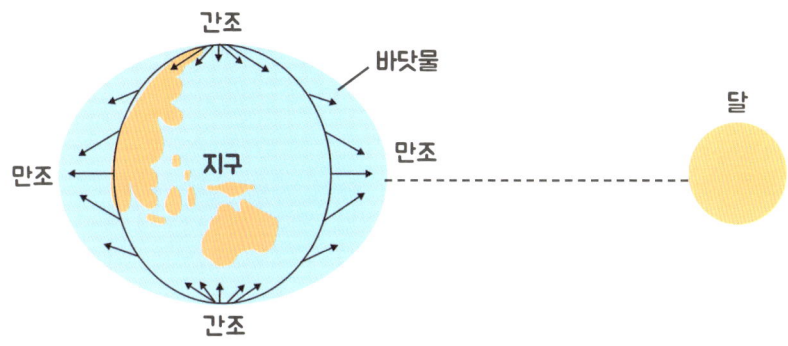

지구의 바닷물을 올리고 내리는 대단한 달의 힘

지구와 달이 태양 주위를 같이 돌고 달은 약 1km/s의 속도로 한 달에 한 번씩 지구의 주위를 돌면서 지구의 바닷물을 하루에 두 번씩 올렸다 내렸다 한다. 그래서 지구의 바닷물은 항상 움직이는데 이것을 조석潮汐이라고 한다. 물이 들어올 때, 즉 외해에서 내해로 들어오면 만수위가 되고 그 물이 다시 외해로 빠져나가면 저수위가 되어 갯벌이 보인다. 이러한 현상을 일으키는 주인공이 달이며 구체적으로는 지구·태양·달 사이의 인력 작용 때문이다. 이렇게 바닷물을 올리고 내리는 힘을 기조력起潮力이라 하는데 달과 태양 및 기타 천체에 의해 일어난다. 지구와 가장 가까이 있는 달의 영향이 가장 크며 다음으로 태양이 영향을 미친다. 태양은 덩치는 크지만 지구에서 너무 멀리 떨어져 있기 때문에 그 영향력이 달의 기조력에는 못 미친다.

밀물과 썰물은 매일 52분씩 늦어진다. 지구가 스스로 한 바퀴 돌아 제자리에 왔을 때 달은 아직 제자리에 도달하지 않았기 때문이다. 이것은 둘 간의 공전주기가 다르기 때문인데 지구는 1시간에 15°를 돌고 달은 약 13°(360°÷27.3)만큼 움직이기 때문이다. 그래서 매일 52분(60÷15°×13)씩 늦춰지는 것이다. 태양과 달, 지구가 일직선으로 배열되는 때에는 바닷물이 많이 밀려오는데 이때를 대조(大潮, spring tides, 사리)라고 한다. 반대로 지구와 달이 직각을 이루는 위치에 오면 태양의 인력 때문에 달의 기조력이 약해지므로 바닷물이 적게 밀려온다. 이때를 소조(小潮, neap tide, 조금)라고 한다. 이처럼 조석은 태양과 지구 그리고 달 사이의 인력에 의해서 일어난다. 이것을 우리는 천문조석Astronomical tides이라고 한다. 달이 지구의 위쪽이나 아래쪽에 위치할 때는 조차가 적게 일어난다.

*출처: 윤경철 저자의 〈대단한 하늘여행〉은 일반인도 우주과학에 대해 쉽게 알 수 있도록 풀어쓴 책이다.

곱게 그린 눈썹 모양의 장골해변

달맞이 선착장에 내려 면사무소 방향으로 가다보면 남쪽 바닷가에 1km, 폭 400m의 곱게 그린 눈썹 모양의 장골해변을 만난다. 완만한 경사와 고운 모래 그리고 해수욕장을 감싸듯 병풍처럼 조성된 입구의 해송 숲은 편리한 부대시설까지 모두 갖추고 있어 여름이 되면 피서객들로 북적인다. 해변 뒤편으로 민박과 펜션도 있어 숙박에도 불편함이 없다. 장골해변은 자월도를 대표하는 명소로 가장 큰 자랑은 물이 빠지면 나타나는 드넓은 갯벌이다. 이곳에서는 조개, 낙지, 게 등을 직접 잡을 수 있어 어린이들이 맘껏 뛰어노는 자연 학습장으로 좋아 사시사철 가족단위의 여행자들이 즐겨찾는 해변이다. 장골해변 오른편에 있는 독바위는 외딴 작은 섬으로 썰물 때면 건너갈 수 있는 길이 드러나 홍해를 가르는 모세의 기적을 체험해 볼 수 있다. 장골해변에서 남쪽으로는 대이작도와 소이작도가 선명하게 보인다. 장골이라는 지명은 세금으로 싣고 오던 곡식을 빼돌려 팔던 장터(場)가 있었다하여 붙여진 이름이라고 한다. 또는 해적들이 세곡선을 습격해 가져 온 쌀을 매매하던 곳이라 장골이다 불렀다고 소개하는 이도 있으나 모두 잘못된 해석이다. 장골은 대개 잔골의 발음이 바뀐 것이다. '잔-'은 크지 않다는 뜻을 나타내는 우리말 접두사로 산 아래 작은 골짜기 동네여서 잔골로 불렸는데 그 발음이 바뀌어 장골이 된 것이다. (*옹진군지(2010년) p139 참조) 앞으로 자월도의 장골 지명에 대한 오해는 누구도 하지 않길 바란다.

장골해변에서 서쪽으로 1km 가면 작고 아담한 큰말해변이 있다. 모래가 곱고 물이 깨끗해 조용한 휴식을 원하는 사람들이 주로 찾는 곳이다. 이 곳 해변 역시 물이 빠지면 갯벌에서 바지락, 낙지, 소라 등을 잡을 수 있다.

지네 바위의 전설

달바위 선착장에 내리면 배를 타고 있는 어부를 형상화한 조형물이 있는데 선착장 왼편에 있는 지네바위 전설을 담고 있다. 옛날에 이 섬에 살던 한 어부가 고기를 잡으러 가서 3일이 지나도록 돌아오지 않았다. 그러자 어부의 부인이 여기 저기 애타게 찾으러 다니다가 이곳에 이르렀는데 바위 밑에서 큰 지네가 남편을 죽이려고 물고 있는 모습을 목격하게 되었다. 부인은 너무 놀라 그 자리에서 쓰러져 정신을 잃었다. 얼마동안 있다가 부인이 정신을 차리고 보니 사랑하는 남편이 죽어 있었고 부인은 더 이상 사는 것이 허망하여 바위 위에서 바다에 몸을 던져 죽었다. 그러자 하늘에서 벼락을 내려 바위의 일부를 부셔 버렸는데 그 아래 살고 있던 지네를 죽이기 위함이었다고 한다. 그래서 이 바위를 지네가 살았다고 하여 지네바위 또는 지네가 벼락 맞아 죽었다하여 벼락바위라고 부른다.

달바위

선착장에 내리면 안내판 뒤로 보이는 바위가 달바위이다. 이 바위가 있어 선착장의 이름도 달바위 선착장이 되었다. 이 바위는 옛날부터 배가 닿을 수 있는 바위라 하여 '다을 바위'라 부르던 것이 달바위가 되었다고 한다. 선착장을 만들면서 바위의 일부를 잘라냈지만 여전히 멋스럽다. 지금은 바위가 둥글고 마치 달과 같은 모양이라 하여 달바위라 부르고 있다.

목섬 구름다리

큰 목섬과 작은 목섬이 연결된 해안산책로가 400m이다. 구름다리에서는 허공을 걷는 듯 아찔한 바다 절경을 감상할 수 있다.

나라의 안녕을 기원했던 산 국사봉

해변에 빠졌던 물이 차오르기 시작하면 국사봉(國思峰)으로 올라가 툭 트인 경치를 감상해 보자. 해발 166m인 국사봉은 자월도에서 가장 높은 산으로 나라에 국상이 생겼을 때 관리와 백성들이 이 산에 올라가 왕도를 바라보며 국운을 기원하던 곳으로 글자 그대로 나라를 생각하는 산이라고 해서 국사봉이라 불렀다고 한다. 또한 자월도로 귀향왔던 선비들이 국사봉 정상에 올라 왕이 있는 방향을 향해 자신의 억울함이 풀려 다시 돌아가게 해달라고 빌었던 장소이기도 하다. 국사봉 정상에서는 봉화를 올려 섬 간의 사고유무를 알리던 곳이라고 해서 다른 이름으로 봉화재라고도 불렀다. 그 흔적으로 봉수대의 돌들이 남아 있다. 국사봉 정상에 오르면 대이작도, 소이작도, 승봉도를 한 눈에 내려다 볼 수 있으며 날씨가 맑은 날에는 인천항과 대부도, 덕적도 등 주변 섬들이 파노라마처럼 펼쳐진다. 동북쪽 해안으로는 하늬포 앞 해변 풍경이 보이는데 하늬포는 하늬바람이 많이 부는 마을로 자월도에서 가장 추운 지역이라고 한다. 하늬포 방향으로는 국사봉 자락의 벚꽃도 가장 늦게 꽃이 핀다고 한다. 국사봉으로 오르는 길은 자월면 면사무소 정문 오른편에 있는 등산로 입구에서 시작해 30~40분이면 갈 수 있는 편안한 등산로이다.

특산품 둥굴레와 토종 벌꿀

청정지역 자월도에서 해풍으로 키워낸 둥굴레는 구수한 맛이 깊고 풍부해 자월도의 둥굴레를 먹어 본 사람들은 다시 찾는 인기 특산물이다. 둥굴레는 차로 마시면 변비에 탁월한 효과가 있다. 자월도는 무공해 천연 토종 벌꿀을 만들어 판매하는데 섬에서 채취하는 꿀은 맑은 공기와 깨끗한 물을 먹고 자란 꽃에서 채취를 해 품질이 매우 좋다.

큼직한 농어들이 줄을 지어 여행자들을 반겨준다.

봉황새가 살았을 것 같은 천상의 풍경 승봉도

승봉도(昇鳳島)는 자월면에 속하는 섬으로 본래 이름은 신황도였다고 한다. 예전에 신(申)씨, 황(黃)씨 성을 가진 두 사람이 고기를 잡던 중 풍랑을 만나 표류해서 오게 되었는데 먹을 것도 많고 경관도 좋아 이 섬에 눌러 살게 되었다고 한다. 그런데 이 섬에 이름이 없다보니 사람이 사는 곳에 이름이 없다는 것은 말이 안 된다는 생각에 두 사람은 자신의 성을 한 글자씩 따서 신황도(申黃島)라 이름 지었다. 그 뒤로 오랫동안 이 이름으로 불렸으나 섬의 모양이 봉황새가 하늘로 날아오르는 모습과 비슷해 승황도(昇凰島)로 이름이 바뀌었고 지금의 승봉도는 승황도의 '凰'을 '鳳'으로 바꾼 것인데 두 글자 모두 봉황을 뜻하는 같은 글자이다.

승봉도의 대표 명소는 **이일레해변**

승봉도 사람들이 최고의 명소로 자랑하는 이일레해변은 선착장에 내려 오른쪽으로 난 길을 따라 가면 쉽게 찾을 수 있다. 길이는 1.3km 폭은 40m로 승봉도에서는 유일하게 밀가루 같은 고운모래가 펼쳐져 있는 해변이다. 썰물 때가 되어도 고운 모래는 더욱 드넓게 펼쳐 질 뿐 갯벌이 전혀 드러나지 않는다. 단단하고 고운 모래사장 뒤로 해송이 펼쳐져 있어 해변을 걷다보면 승봉도의 섬 모양만 봉황새가 아니라 실제 봉황새가 살았을 것 같은 천상의 풍경을 느껴 볼 수 있다. 만약, 사리 때에 승봉도에 있게 된다면 밤에 손전등을 들고 이일레해변으로 나가보자. 낙지, 고둥, 소라, 골뱅이를 잡는 체험을 할 수 있다. 이일레해변을 제외한 승봉도의 해안은 대부분 크기가 큰 자갈들이 가득해 고운 모래를 기대하는 여행자에게는 아쉬운 마음이 들 수도 있다. 그렇지만 거칠고 투박한 몽돌들이 깔려있는 해변은 물이 빠지고 나면 조개를 캐거나 낙지를 잡는 섬사람들의 소중한 일터가 된다.

최대한 느긋하게 여행하기 부두치 해안산책로

이일레해변의 끄트머리에서 다시 길을 나서면 울창한 솔숲이 길 양쪽으로 끝도 없이 펼쳐진다. 승봉도 사람들이 이일레해변 다음으로 사랑하는 곳이 바로 소나무 숲이다. 바닥에 깔린 푹신한 솔잎 위를 걷다보면 노래가 저절로 나온다. 승봉도는 가장 높은 당산이 해발 68m라 누구나 큰 힘들이지 않고 즐기며 걷기 좋다. 승봉도에서는 서두르지 않고 최대한 느긋하게 걸으며 여행하기를 권한다. 왜냐하면 전체 면적이 2.22㎢ 해안 길이가 총 9.5km인 작고 아담한 섬이기 때문이다.

싱그러운 솔숲길을 따라 가다보면 어느새 부두치가 나온다. 그곳에는 잘 만들어진 해안 산책로가 여행자를 맞아준다. 해안을 따라 바위 위로 걸어야 하는 길이라 습기에 젖은 표면이 위험해서 나무테크 산책로를 만든 것 같다. 여행자에겐 참으로 고마운 길이다. 긴 산책로를 걷다보면 희귀새들이 쉬고 있는 모습을 볼 수 있고 이곳의 역사를 가늠할 만한 시간의 돌도 만나게 된다. 길 끝에는 툭 트인 바다를 전망할 수 있는 정자가 있고 맞은편으로는 물이 빠질 때만 건너갈 수 있는 목섬이 있다. 부두치에 물이 빠지면 몽돌 사이로 낙지와 키조개 등을 주울 수 있고 물이 들어와도 수심이 얕아 수영하기 좋은 해변이 펼쳐진다. 부두치는 이일레해변에서 그리 먼 거리가 아닌데 또다른 모습의 해안절경을 보여준다.

사랑이 이루어진다는 전설 남대문 바위

승봉도는 열심히 잰 걸음으로 해안일주도로를 걸으면 2시간에 섬 한 바퀴를 돌 수 있다고 한다. 그렇지만 그 말에 동의할 수 없다. 절경을 감상하는 시간을 고려하면 승봉도 여행은 하루 해가 짧기 때문이다. 기암절벽이 있는 북쪽해안 앞말에 도착해 오른쪽으로 향해 걷다보면 남대문 바위가 있다. 용솟음산 바로 밑에 있는 거대한 암석 가운데 구멍이 뻥 뚫려 있는 남대문 바위는 간조 때만 접근할 수 있으니 물때를 알아보고 찾아가는 것이 좋다. 파도에 깎이고 비바람에 씻겨 만들어진 바위 문(門)으로 사람이 드나들 수 있어서 마치 서울에 있는 남대문과 같다하여 붙여진 이름이라고 한다. 그런데 멀리서 보면 코끼리가 바닷물을 먹기 위해 코를 바다에 대고 있는 것 같기도 해서 주민들은 코끼리 바위라고도 부른다. 남대문 바위 위 벼랑 끝에는 아슬아슬하게 소나무가 자라고 있는데 그 모습은 한 폭의 동양화를 보는 듯 신비하다. 남대문 바위 주변에는 해안가를 따라 신기한 모양의 바위들이 줄을 지어 있어 바위를 보면서 떠오르는 이름을 붙이는 재미가 있다. 남대문 바위는 특별히 젊은 남녀에게 인기가 높은데 그 이유는 이 문을 지나면 사랑이 이루어진다는 전설 때문이다. 이야기는 조선시대로 거슬러 올라가 승봉도에 사랑하는 남녀가 있었는데 부모가 여자를 딴 섬으로 시집을 보내려고 하자 두 사람은 이 문을 넘어 영원한 사랑을 맹세했고 이후 영원히 행복하게 살았다고 한다.

부채바위

물이 차면 물위에 둥실 떠 있는 부채바위는 맑은 날 햇빛이 부채바위에 와 부딪치면 마치 황금부채처럼 빛이 난다고 한다. 그래서일까? 선비가 어느 날 부채바위 아래를 거닐다가 문득 떠오른 시를 적어 두었는데 마침 과거시험을 보러가서 그 시를 적어 내었더니 장원급제를 하게 되었다고 하는 전설이 있다. 그 이후로 시험을 앞둔 수험생들이 부채바위에 와서 자신도 좋은 성적으로 입신양명하게 해 달라는 소원을 빌었다고 한다.

촛대바위

승봉도 남동쪽 부두 끝 소리개산 아래 길쭉하게 서 있는 바위로 그 모습이 마치 촛대같아 촛대바위라 부르고 있는데 엄지 검지를 잡고 손가락 세 개를 펴고 있는 부처님의 손 같기도 하다.

사승봉도

승봉도 남쪽 1km 떨어져 있는 개인 소유의 무인도이다. 대이작도 동쪽의 끝 마을인 계남마을에서 남동쪽으로 2km 거리에 있다. 작은 섬이지만 간조 때가 되면 은빛 모래사장이 대평원을 이룬다.

작가노트

섬여행은 육지에서는 생각할 수 없는 매우 특별한 세계를 보여준다. 섬에서는 육지의 시간과는 다른 시계가 돌아가고 있기 때문이다. 육지에서의 생활은 해와 달과는 상관없이 밤낮 미쳐 돌아가지만 섬에서는 달이 만들어 준 물때가 사람들을 깨우고 재운다. 또한 섬으로 가는 길은 내가 가고 싶다고 갈 수 있는 길이 아니다. 바다가 길을 허락해 주어야 섬의 세계로 들어가는 문을 통과할 수 있다.

승봉도로 출발하는 배를 타기 위해 새벽부터 서둘러 서울 집에서 출발했다. 이번에 여행할 섬에 대해 내 마음대로 상상하며 도착한 연안부두에는 안개가 자욱했다. 봄날의 바다는 참 얄궂다. 분명 서울의 날씨는 별일 없었는데 서해바다는 안개주의보로 오전 9시 출발 시간을 11시로 연기했다. 대합실에는 섬으로 향하기 위해 들떠있었던 마음과 몸을 바닥에 내려놓은 여행자들과 육지에서 집으로 가기 위해 장을 본 보따리들 사이로 섬주민들이 보였다. 대기하는 2시간 동안 차이나타운에 가서 짜장면을 먹고 왔는데 출발은 오후 1시로 또 연기되었다. 여행객들은 여행을 포기하고 삼삼오오 짝을 지어 떠났고 대합실에는 섬주민들과 꼭 가고야 말겠다는 나 같은 열혈여행자 몇몇이 남았다. 얼마를 기다렸을까? 출발을 알리는 방송이 나오고 배에 오르자 긴 기다림의 시간이 허무할 정도로 1시간 만에 승봉도에 도착했다. 선착장에는 부녀회장님이 나와 반겨 주셨. 봉황새가 날아오른다는 이름의 승봉도는 작지만 상상했던 것보다 훨씬 더 예쁜 섬이었다. 승봉도에서 하룻밤 잠을 청하면서 문득 이 섬은 마치 밀당하는 연인 같다는 생각을 했다. 그 고운 얼굴을 쉽게 안보여 주려고 배에 오르기까지 애간장을 태웠으니 말이다.

바다가 만드는 자연의 경이로움 이작도

이작도는 섬 자체의 아름다움도 뛰어나지만 썰물 때에만 드러나는 드넓은 풀 등이 펼치는 장관에 자신도 모르게 자연의 경이로움에 감탄하게 된다. 이작도(伊作島)는 고려사와 동국여지승람에는 이즉도(伊則島)라는 이름으로 나온다. 이작도라는 지명은 세곡선(稅穀船)을 약탈하는 이적(夷賊)이라 불리던 해적의 근거지였기 때문이다. 또는 이곳에서 약탈을 일삼던 왜구를 이적이라 불렀는데 거기서 생긴 이름이라는 이야기가 일반화되어 소개되고 있다. 하지만 모두 고증되지 않은 내용이다. 대동여지도에 이작도로 나와 있는 것으로 보아 애초의 이즉도가 조금 바뀌어 이작도로 될 것일 뿐이다. 최초의 기록 이즉도가 어떤 연유로 생긴 이름인지는 마땅한 근거 자료가 없어 알 수 없으니 이작도를 해적과 연관하여 소개하는 것은 맞지 않다.

어머니의 품 속 같이 포근한 부아산 트래킹

파일럿부두에 내리면 제일 먼저 물때를 확인해야한다. 썰물 때만 볼 수 있는 풀등이 나타나는 시간을 알아보고 풀등으로 데려다 줄 배편도 예약하고 부아산으로 향하자. 선착장에서 왼쪽 도로를 따라 10분 정도 걸어가면 삼거리 큰마을이 나온다. 큰마을 오른편으로 접어들면 부아산으로 가는 길을 쉽게 찾을 수 있다. 대이작도에는 두 개의 산이 있는데 부아산과 송이산이다. 이 산들은 손을 잡고 있는 듯 길게 이어져 있어 산을 좋아하는 사람들은 총 4시간 반이 걸리는 바다산행을 즐기기 위해 이작도를 찾는다. 대이작도를 지켜주는 부아산은 산 정상이 어머니가 아기를 업은 듯한 모습을 하고 있어 붙은 이름이다. 정상은 159m로 30분이면 도착하는 그리 높지 않은 산이다. 아슬아슬한 빨강색 구름다리를 건너 정상 부아정에서 땀을 식히다 보면 인천 시내와 주변의 승봉도, 소이작도, 사승봉도, 덕적도, 소야도, 굴업도가 한눈에 들어온다. 날씨가 좋을 때는 멀리 있는 황해도 해주 땅까지 보인다. 또한 일출 일몰이 아름다워 연인들이 즐겨 찾는 해맞이 장소가 바로 이 곳이다. 부아산 정상 그 자체가 자연이 만든 최고의 전망대인 셈이다. 정상에 서서 바다 위로 펼쳐진 세상을 내려다보고 있노라면 고단했던 도시 생활이 씻은 듯 날아가 버린다. 어머니의 품 속 같은 포근함이 좋은 산이다.

부아산 정상에 있는 부아정으로 가는 길에 있는 부아산 구름다리는 길이 68m, 높이 7m로 다리 위에서 사승봉도와 계남분교를 볼 수 있다. 부아산에서 큰 풀안, 작은 풀안 해변으로 내려오다 보면 삼신할매 약수터가 있다. 신혼부부라면 삼신할매와 함께 예쁜 아기를 부탁하며 사진을 찍어보자. 이작도에는 사람들의 발길이 드문 곳에 회춘골이 있는데 이곳에서 샘물을 마시면 젊어진다고 한다. 동안이 되고 싶다면 숨겨진 보물찾기를 하듯 회춘골 샘물을 찾아 마셔보자.

신비의 모래섬 풀등

풀등은 대이작도와 소이작도의 서남쪽 바다에 형성된 수중 모래섬이다. 썰물 때면 3~5시간 동안 보였다가 밀물 때가 되면 다시 사라지는 신기하기만 한 이 섬을 풀등, 풀치라고 부른다. 단단한 모래로 이뤄진 풀등 위에서는 파라솔 아래에서 낮잠을 청하는 여유도 가능하다. 바닷물이 빠질 때 드러나는 면적이 컸을 때는 99만㎡ 정도의 거대한 위용을 자랑했는데 지금은 나날이 줄어들고 있다. 여름 피서철에는 바지락, 비단조개, 맛조개, 골뱅이, 고둥 등을 잡거나 일광욕, 해수욕을 즐길 수 있어 많은 사람들이 찾아온다. 대이작도 선착장에서 정기적으로 풀등까지 왕복 운행하는 배가 있다.

큰 풀안, 작은 풀안 해변

풀등이 맞춰 잠시 머물 수 있는 까다로운 모래사장이라면 큰 풀안, 작은 풀안 해변은 언제든 찾아가도 좋은 친한 친구 같은 해변이다. 백사장이 깨끗하고 간만의 차가 심하지 않아 바다로 한참 걸어 들어가도 허리 근처에서 맴돌기 때문에 언제나 물놀이를 즐길 수 있다. 해수욕장 뒷산에는 야영을 할 수 있는 솔숲이 있고 아이들이 놀기에 좋아 가족단위로 많이 찾는다. 여름 피서지로 안성맞춤인 해안에는 물이 빠져나가면 고동, 낙지, 방게 등을 잡을 수 있다. 이곳은 사승봉도와 함께 2003년 12월 생태계보존지역으로 지정되어 바지락 채취가 금지되었다가 2006년부터 다시 허가가 나서 바닷가의 바지락을 1인당 1kg 내로 채취할 수 있게 되었다. 대이작도의 아름다운 자연경관은 무분별한 개발로부터 섬을 지켜 온 주민들의 노력의 결과이다. 갯벌은 섬 주민들의 생계가 되는 일터이니만큼 나들이 온 여행자의 지나친 어패류와 산나물 채취는 삼가주길 부탁한다.

서쪽바람이 가져다 준 것

섬은 바다의 영향을 받아 육지보다 여름은 시원하고 겨울은 따뜻해서 12월에도 꽃이 피는 모습을 볼 수 있나. 계절풍의 영향으로 바람이 불어올 때는 매우 강하게 불어오기 때문에 집의 지붕은 낮아지고 창문은 작아졌다. 겨울에는 높은 파고로 인해 선박운항에 불편을 겪기도 한다.

TV프로그램 〈1박2일〉이 큰 풀안, 작은 풀안 해변으로 촬영을 왔었다는 푯말이 보인다.

이곳 암석은 땅속 깊은 곳에서 뜨거운 열에 의해 암석의 일부가 녹을때 만들어지는 혼성암으로 지하 약 15~20km 깊이의 고온(700~750℃)에서 생성되었으며, 이제까지 우리나라에서 보고된 다른 기반암들의 나이인 약 19억년보다 훨씬 오래된 암석으로 한반도 대륙의 발달사를 연구하는데 중요한 단서를 제공한다.

* 출처 – 지오사이언스저널 3월호

오형제바위

대이작도 북서쪽 산허리에 있는 오형제 바위는 옛날에 효심이 지극한 형제가 어부인 부모님을 기다리다 돌이 되었다는 전설이 전해오고 있다. 백제 시대에 어부였던 부모님은 악천후에도 불구하고 자식들을 위하여 물고기를 잡기위해 배를 타고 바다로 나갔다가 풍랑을 만나 며칠이 지나도록 돌아오지 못했다. 부모님이 돌아올 때까지 이곳에서 바다만 바라보며 슬피 울던 오형제가 죽어서 망부석이 되었다고 한다. 그 후 오형제 바위가 있던 곳에서는 자주 불상사가 생겼다. 그래서 마을 사람들은 그 때부터 한 해의 마지막 날 오형제를 위한 기원제를 지내주며 마을의 무사안녕을 빌게 되었다고 한다.

영화 <섬마을 선생>의 촬영지 계남분교

지금으로부터 약 50년 전 상영했던 영화 <섬마을 선생>(1967년)은 당시 최고의 가수 이미자의 노래를 영화로 만들었고 그 촬영지가 바로 이 작도에 있다. 이작도의 동쪽 끝에 가면 사승봉도를 바라보고 있는 계남분교가 있다. 폐교된 지 오래 되어 풀만이 무성하게 자라고 있어 이곳이 학교였을까 의아해진다. 폐교된 후에 옹진군에서는 사유지였던 이곳을 매입해서 관광명소로 살리려고 했으나 안타깝게도 그 뜻은 이루어지지 못했다고 한다. 섬마을 선생님 영화 촬영지라는 기념비만 있으니 굳이 찾아 갈 곳은 아니다.

추운 겨울이 되면 섬마을 아낙들은 두툼한 옷을 껴입고 소쿠리 하나씩 끼고 해안으로 나가 굴과 바지락, 고둥을 채취하여 일부는 팔기도 하고 집으로 가져와 음식 재료로 사용한다. 갱국, 애각탕(바지락탕), 굴물회는 대이작도의 독특한 토속 음식들이다.

소이작도 손가락바위

큰말 왼쪽 윗목섬에서 130여m의 해안산책로를 따라가면 손가락이 하늘을 향해 뻗치고 있는 듯한 모습의 손가락바위를 만날 수 있다. 대이작도 선착장에서도 맞은편 소이작도를 바라보면 손가락바위가 보인다. 멀리서 본 손가락바위는 가까이 다가갈수록 해수관음상을 닮았다고 한다. 손가락바위는 해안탐방로와 연결되어 있어 수려한 경관을 자랑한다.

소이작도 약진넘어해변

큰말에서 가까운 거리에 위치한 해변으로 소이작도에서 가장 아름다운 해변이다.

작가노트

이작도가 해적의 소굴이었다고들 하지만 근거가 없는 이야기라는 것은 앞에서도 설명한 바 있다. 그런데 왜 이작도와 해적을 연관시킨 이야기를 그대로 믿고 있을까? 그것은 실제로 서해의 세곡선 뱃길에서 약탈을 일삼았던 해적들이 있었기 때문이다. 오늘날 해적이라고 하면 영화 〈캐리비안 해적〉을 장난처럼 떠올리는 것이 고작이지만 해양왕국의 역사가 곧 해적의 역사였던 시대가 있었다. 해적 바이킹은 중세유럽을 두려움에 떨게 했고 정복자가 되어 노르만 왕조와 키에프 공국을 세웠다. 또한 엘리자베스 1세 때는 노예상인이며 해적질을 하던 무리가 에스파냐의 무적함대를 격파해 국가공인을 받기도 했다. 삼국시대부터 조선시대까지 꾸준히 한반도를 위협했던 왜구는 단순한 해적집단이 아니었다. 지방호족에 의해 훈련되고 통솔된 정예부대 수군이었다. 그들은 우리나라의 여러 섬들을 거점으로 삼아 활동하기도 했다. 조선시대에 우리나라에도 포작(鮑作)이라 불리는 해적이 있었는데 중국의 이적(夷賊)이나 일본의 왜구에 미치지 못하는 양민들이었다. 그들은 관청의 수탈을 피해 섬에 숨어 살며 몰래 어업을 하며 생계를 유지하다가 왜구와 결탁해 노략질을 했다. 포작은 나라가 키운 해적이었던 것이다. 이순신 장군은 임진왜란 때 해상지리에 밝은 포작들을 전투에 활용해 승리를 거두었고 전쟁 후 모두 양민으로 환원해 주었다. 그러나 일부는 고향으로 돌아가지 못하고 섬을 떠돌다 생을 마감했다고 한다.

해적이라고 하면 누구나 성격이 포악하고 거친 사람들로 인식하고 있다. 그래서 이작도와 해적을 연관하여 소개하는 글을 보면 이작도 주민들이 그러한 사람들이 아닐까 선입견을 가질 수 있다. 이작도를 해적과 연관하여 소개하는 것은 마땅한 근거 자료가 없으니 맞지 않다. 바로 잡았으면 하는 안타까운 부분이다.

영흥면

장경리해수욕장
십리포해수욕장
통일사
해군영흥도전적비
진두선착장
영흥대교
수산물직판장
선재선착장
에너지파크
선재대교
목섬

PART 7

CNN이 선정한 아름다운 섬
영흥면

영흥도 | 십리포해변 | 해군영흥도전적비
통일사 | 선재도 | 목섬 | 측도

영흥면 가는 길

자가운전 서울, 부천, 인천 출발 ▶ 제2경인고속도로 ▶ 서창IC
▶ 영동고속도로 ▶ 월곶IC 좌회전 ▶ 시화방조제 입구
▶ 시화방조제 ▶ 대부도 ▶ 영흥/선재방면 ▶ 선재대교
▶ 선재도 ▶ 영흥도

대중교통 인천 옹진군청 앞 버스정류소에서 790번 버스를 타면 된다.

CNN이 선정한 아름다운 섬
영흥면

영흥면(靈興面)에 있는 유인도는 옹진군에서 백령도 다음으로 큰 섬인 영흥도를 비롯하여 선재도와 측도가 있고 무인도는 황서도, 누렴, 어평도, 외항도 등 신이 바다에 진주를 뿌려놓은 듯 올망졸망한 섬들이 21개나 있다. 영흥도는 영흥면의 주섬으로 예로부터 어업보다는 벼농사를 비롯한 농업의 비중이 높은 곳이었다. 영흥면 들판에서는 질 좋은 쌀과 바닷바람을 맞고 자란 당도 높은 포도가 생산되고 바다에서는 사시사철 바지락과 굴, 낙지 등 다양한 수산물이 잡혀 인천지역의 주요 농수산물 공급지역이기도 하다. 소사나무가 군락을 이루고 있는 십리포해변과 서해의 낙조가 장관을 이루는 장경리해변에 여름이 찾아오면 수많은 여행객들이 모여든다. 목섬과 측도는 하루에 두 번 바다가 갈라져 사람들이 건널 수 있는 신비한 길이 선재도와 이어진다. 선녀들이 하늘에서 내려와 춤을 추었다는 이야기가 전해오는 선재도는 CNN방송이 '한국의 아름다운 섬'으로 선정한 섬이다.

육지와 이어진 섬 영흥도

영흥도(靈興島)의 면적은 23.24㎢으로 옹진군청이 있는 인천에서 서남쪽으로 33.9km 떨어져 있다. 선재대교와 영흥대교가 완공되면서 육지와 이어진 섬이 되어 언제든 쉽게 갈 수 있게 되었다. 시외버스를 이용하여 영흥도에 가려면 인천 옹진군청 앞 버스 정류소에서 하루 18회 운행되는 790번 버스를 타면 된다(첫차 05:10, 막차 21:10). 영흥도 내에서는 장경리, 십리포, 선재리 세 방향으로 운행되는 버스가 있고 개인택시도 있어 섬내 교통이 편리하다. 섬의 중앙에는 우뚝 솟은 국사봉이 있으며 서남쪽으로는 양로봉이 솟아있다. 두 곳은 모두 해변으로 연결되는 등산로가 잘 정비되어 있어 걷기를 좋아하는 사람들은 바다와 산을 동시에 즐길 수 있다. 영흥도라는 이름에는 고려 왕조와 얽힌 전설이 내려오고 있다. 고려 말 왕손 익령군(翼靈君) 왕기(王琦)의 기구한 운명에 관한 이야기이다. 나라가 망할 것을 미리 예측한 익령군은 가족들을 데리고 개경을 탈출해 바닷길에 나섰다가 폭풍을 만나 구사일생으로 살아서 영흥도에 도착했다. 익령군은 신분을 숨기고 영흥도에 은거하면서 후손들의 화를 피하기 위해 옥(玉) 씨와 전(全) 씨로 성을 바꾸고 말을 기르며 살았다고 전해진다. 그 때부터 바다에 빠져 죽을 뻔했던 익령군(靈)이 하늘의 뜻으로 다시 살았다(興)해서 섬 이름을 영흥도라고 했다고 전한다. 영흥도에는 섬 전체를 걷는 17개의 코스가 있는데 이름을 영흥익령군길이라 정하고 익령군의 이야기를 소중히 간직하고 있다 영흥도는 우리 역사에서 매우 큰 의미가 있는 곳이다. 고려시대 몽고군의 침략이 있었을 때는 배송준이 이끄는 삼별초가 영흥도를 기지로 삼아 70여 일 동안 몽고에 대항해 싸웠고 6·25 전쟁 당시에는 인천상륙작전의 전초기지가 되어 전세를 역전시켰던 역사를 가지고 있다.

영흥익령군길 **염벗나루길**

염벗나루길은 염벗터가 왕성했던 영흥도를 기억하게 해준다. 천일염이 들어오기 전에 우리나라는 전통적으로 바닷물을 퍼다가 끓여 소금을 만들었다. 그 소금을 자염(煮鹽)이라고 한다. 바닷물에는 3~5%의 염분이 포함되어 있어 바닷물을 끓이게 되면 농축된 바닷물인 함수가 모이게 된다. 염벗은 소금밭을 이르며, 함수를 가마솥에 넣고 불을 지펴 소금 만드는 장소를 말한다. 옛날에는 선착장을 진두라고 했다. 염벗나루길은 나룻배를 타던 진두선착장과 영흥도에서 자염을 생산하기 위해 바닷가에 만들었던 염벗자리터 등을 두루 돌아보는 길이다. 총 길이는 1.3km이며 소요시간은 20분으로 가볍게 산책하기 좋은 길이다. 영흥대교가 완공되어 육지와 이어지면서 영흥도에서 더 이상 섬 분위기는 찾아볼 수 없다고 생각하고 있다면 염벗나루길을 추천한다. 이 길을 걸으면 총 길이 1.25km의 영흥대교를 볼 수 있으며 동시에 영흥도의 섬 분위기를 고스란히 느낄 수 있는 풍경들이 펼쳐져 있다.

애향가마깨길

실향민의 그리움을 돌아보는 산책로이다. 방개골과 가마깨촌은 한국전쟁 당시 육지의 옹진군민들이 이주하여 정착한 곳으로 방개골은 밤나무가 많아 붙여진 이름이다. 총 길이는 2.1km로 소요시간은 50분이다.

유람선을 타보자.

진두선착장에서 출발해 화력발전소, 선재도, 측도, 석섬, 쌍섬, 영흥대교를 거쳐 다시 진두선착장으로 돌아오는 영흥도 유람선투어는 오전 10시부터 오후 6시까지 한 시간 간격으로 운항한다. 문의 032-888-8278

소사나무 군락지로 유명한 **십리포해변**

파도 소리가 경쾌한 십리포해변은 길이가 1㎞, 폭이 30m로 왕모래와 콩알만한 자갈들로 이루어진 특이한 해변이다. 십리포(十里浦)란 이름은 포구에서 이곳까지의 거리가 십리라 붙여진 이름이라고 한다. 해변 서쪽으로는 기암괴석이 우뚝 솟아 있어 아름다운 경관을 이루고 해수욕장 뒤편으로는 소사나무가 군락지를 이루어 해변을 병풍처럼 두르고 있다. 어떤 자료들을 보면 이곳의 나무를 서어나무라 부르기도 하는데 소사나무는 서어나무의 일종이지만 서어나무는 아니다. 100여 년 전 내동마을에 살던 선조들이 농사를 망치는 해풍을 막기 위해 이런 저런 나무들을 해변에 심었는데 다른 나무들은 모두 죽고 소사나무만 살아남았다고 한다. 지금은 약 350그루의 소사나무가 멋진 숲을 이루고 있어 전국적으로 하나밖에 없는 해변괴수목(怪樹木, 기이한 나무) 지역으로 보호받고 있다. 5월이 되면 잎보다 꽃이 먼저 피어나는 소사나무는 한 그루도 곧게 자라는 나무가 없이 구불구불 모양이 제멋대로이다. 그런 까닭에 목재로 쓸 수 없고 땔감으로도 마땅치 않은 덕분에 오래도록 이 자리를 지킬 수 있었다고 한다.

<u>소사나무는 모양이 기괴하지만 여름철에는 더위를 식혀주는 정자나무 역할을 해주며 겨울에는 방풍림 역할을 해주는 고마운 나무숲이다.</u>

십리포해변 주차장 건너편에는 매일 어떤 꿈을 꾸고 있는지 묻고 있는 카페 빠쎄가 있다. 세계 곳곳을 여행하며 직접 수집한 앤티크 아이템으로 부띠끄 호텔을 완성하고 1층을 카페로 운영하고 있다.

www.passecompose.co.kr

인천상륙작전 영흥도 소년특공대

십리포 해변은 한국전쟁 당시 인천상륙작전을 위한 정보수집 캠프가 설치된 곳으로 인천상륙작전이 성공하는데 초석 역할을 한 곳이다. 인천상륙작전을 준비했던 미군은 현지에 대한 정확한 자료가 없었다. 그래서 미해군은 미 극동사령부 클라크 대위와 해군대위 연정, 육군방첩부대장 출신 계인주 대령과 함께 인민군이 미처 들어오지 않은 영흥도로 잠입한다. 이들은 영흥도의 10대 청소년들을 모아 부대를 창설하고 어부로 위장시켜 정찰을 통해 정보를 수집했다. 클라크 대위는 이렇게 모은 정보를 맥아더 장군이 있는 지휘부에 전달함으로써 1950년 9월 15일 우리 국군과 유엔군은 인천상륙작전에 성공할 수 있었다. 그러나 인천상륙작전이 성공하자마자 대부도에 주둔하고 있던 인민군 대대병력이 영흥도로 몰려와 영흥도를 지키던 소수의 해군장병, 소년특공대원들과 전투를 벌였고 이들은 섬을 지키기 위해 끝까지 싸우다 모두 전사했다. 이 때 순국한 소년특공대의 숭고한 정신을 기리기 위하여 1992년 해군 영흥도 전적비를 건립하였다.

해군영흥도 전적비

한국군과 유엔군은 북괴의 불법남침으로 조국의 운명이 풍전등화와 같던 1950년 9월 15일 세기에 빛나는 인천상륙작전을 성공하여 전세를 역전시켰다. 이로써 수도 서울을 탈환하고 38선을 돌파하여 압록강까지 승승장구 북진하는 계기를 마련하였다. 이 인천상륙작전에 앞서 한국 해군 기동함대 함포 지원 하에 적전상륙작전을 감행하여 같은 해 8월 18일 덕적도를, 8월 20일 영흥도를 차례로 탈환하고 8월 23일부터는 LST에 탑재하고 있던 해군 이동기지 육전대가 상륙하여 영흥도 청년방위대와 함께 이 섬을 사수함으로써, 인천 상륙작전을 위한 거점을 확보하고 상륙 기동부대의 안전항행을 보장하였다. 한편 같은 해 8월 24일 영흥도를 거점으로 작전을 개시한 한국 해군첩보부대는 9월 1일 미 극동군에서 파견한 첩보팀과 긴밀한 협조 하에 상륙목표 해안을 비롯한 인천, 서울, 수원 등 적이 장악중인 지역에서 용감하게 첩보활동을 전개하여 상륙 작전에 필요한 정보를 제공하였다. 이 작전기간 중 9월13일 북한군은 대대급 병력을 영흥도에 투입하여 일시 점령하였으나 우리 해군장병들과 청년방위대원들이 703함의 필사적인 근접 함포 지원 아래 적을 물리쳤다. 여기에 인천상륙작전 성공을 결정적인 공헌을 한 해군장병 및 현지 청년방위대의 빛나는 무훈과 도민들의 드높은 애국심을 기리고 산화한 영령들의 명복을 기원하기 위하여 삼가 비를 세운다.

1992년 12월 2일 해군참모총장

시원한 여름날을 찾는다면 **장경리해변**

영흥도 서쪽에 위치한 장경리해변은 100년이 넘는 소나무 숲이 1만여 평에 달해 그늘 아래에서 시원한 여름날을 즐길 수 있다. 해변에는 해수욕과 모래찜질을 하기 좋은 드넓은 백사장이 1.5km 가량 펼쳐져 있다. 영흥도에서 해가 떨어지는 일몰을 감상할 수 있는 가장 좋은 낙조포인트이기도 해서 사진작가들에게 유명한 곳이다. 근처에는 잘 갖춰진 숙박시설도 많아 가족 단위 여행객에게 추천하고 싶은 해변이다.

바다향기를 맡으며 걷는 영흥도 트래킹 코스

국사봉 등산로 약 3시간 소요

해발 127.7m 높이의 국사봉(國思峰)은 영흥도에서 가장 높은 산이다. 고려 말 이성계에 의해 몰락당한 고려 왕족들이 영흥으로 피난하여 이 산에 올라가 한양을 바라보며 나라를 생각했다하여 국사봉이라 부르게 되었다고 한다. 약 5km의 국사봉 등산로는 경사가 완만한 임도로 되어 있어 등산은 물론이고 산악자전거를 즐길 수 있다. 국사봉 정상에 오르면 맑은 공기를 마실 수 있으며 인천 송도 신도시와 인천항을 입출입하는 외항선 그리고 용유도, 무의도, 자월도 등 빼어난 바다 풍경을 한눈에 내려다 볼 수 있다.

○----------○----------○----------○----------○
붉은노리　　국사봉　　통일사　　진여부리　　십리포 해안

양로봉 등산로 약 2시간 소요

버섯재배단지 뒤편에 위치한 양로봉은 정상까지 가는 코스가 임도로 되어 있다. 초보자도 쉽게 등반을 할 수 있는 가벼운 등산 코스다. 양로봉 정상에 오르면 실미도, 영종도, 승봉도, 자월도 등 시원한 바다 전경을 볼 수 있어 마음까지 시원해진다.

○----------○----------○----------○
양로봉 등산로　　장경리해변　　산노루 버섯재배단지　　에너지파크

현장 학습체험이 가능한 버섯재배단지

옹진군 최초로 인천시 HLY마크를 획득한 버섯농장에서는 신선하고 향이 좋은 양질의 표고버섯과 노루궁뎅이버섯, 느타리버섯, 새송이 버섯을 생산하고 있다. 버섯농장은 미리 예약하면 현장체험을 할 수 있고 현장구매도 가능하다.

통일을 365일 기원하는 통일사

6·25때 학도병으로 전사한 남편의 넋을 기리기 위해 1983년에 창건한 절이다. 통일이 하루 빨리 이루어지기를 기원한다는 이 절에는 태극기가 매일 게양되고 있다. 울창한 숲 사이로 바다 위에 외항선이 들고 나는 풍경을 바라볼 수 있어 답답한 가슴이 후련해지는 곳이기도 하다.

하루에 두 번 열리는 기적 목섬·측도

선재도(仙才島)의 면적은 1.97㎢이며 해안선이 12km로 남북으로 길게 뻗은 모양의 작은 섬이다. 선재도는 선녀들이 하늘에서 내려와 춤을 추던 곳이라 하여 지어진 이름으로 선녀와 연관 지을 정도로 물이 맑고 수려한 풍경과 신비를 간직하고 있다. 선재도 바로 옆에 있는 목섬(目島)은 하루 두 번 바닷물이 갈라지면서 융단을 깔아 놓은 듯 황금빛 모랫길을 열어준다. 다른 곳의 바닷길은 대부분 질퍽거리는 갯벌로 되어있는데 신기하게도 선재도와 목섬을 잇는 1km의 바닷길은 자연스레 단단한 모랫길이 생긴다. 목섬은 무인도이지만 바로 옆에 있는 측도는 27가구가 살고 있는 유인도로 주민들은 농업과 어업을 겸하고 있다. 하루 두 번 물이 빠질 때면 선재도와 연결되는 도로 위로 걷거나 차량으로 왕래할 수 있다. 선재도와 가깝다고 해서 측도(側島)라 하기도 하고, 주변의 물이 너무 맑아 고기가 노는 모습을 그대로 볼 수 있어 바다 밑을 측량할 수 있다는 의미의 측도(測島)로 부르기도 한다. 선재도는 목섬과 측도처럼 천혜의 신비를 간직하고 있는 섬들을 포함하고 있어 미국 뉴스채널 CNN방송이 '한국의 아름다운 섬' 33곳 중 한 곳으로 선정했다.

한국의 아름다운 섬 선재도
선재도는 선녀들이 하늘에서 내려와 춤을 추던 곳이라 하여 지어진 이름으로
선녀와 연관 지을 정도로 물이 맑고 수려한 풍경과 신비를 간직하고 있다.

Zoom IN 영흥도

어/린/이/랑/ 함/께/하/는/ 공/부/여/행/

화력발전 전시 홍보관 **에너지파크**
에너지 산업과 전기원리 체험을 위한 테마공원으로, 놀이를 통해 배우는 에듀테인먼트 개념으로 꾸며져 있다. 옥외에도 에너지 관련 테마로 구성된 전시장과 야외공연장, 분수대, 산책로 등을 갖춘 공원이 조성되어 있다.
www.e-park.co.kr

인천광역시수산자원연구소에서 운영하는 **해양수산체험학습관**
인천광역시수산자원연구소는 넙치, 우럭, 돔, 꽃게, 전복 등의 각종 치어, 치패를 생산하여 인천광역시 관내 해역에 방류함으로써 어업 소득증대 등 수산업 발전을 담당하고 있는 연구소이다. 또한 어린이들에게 해양수산에 대한 이해를 높여 주기 위해 물고기를 직접 만져볼 수 있는 터치 풀touch pool과 서해에 서식하는 대표 어종을 전시하는 대형 수족관을 갖춘 체험학습관을 운영하고 있다. http://fish.incheon.go.kr

바다가 만들어 준 천연놀이터
영흥도 갯벌체험

바다가 만들어 준 천연놀이터인 갯벌에서 어촌마을체험을 해보자.
영흥도 갯벌 생물들은 바지락, 동죽, 칠게, 납작게, 밤게, 맛챙이, 박하지(돌게) 등이 있다. 갯벌의 푹신함과 신기하기만 한 갯벌 생물들은 재미와 함께 살아있는 공부여행이 된다.

선재체험어장 032-888-3110
용담체험어장 032-886-2074
영암마을체험 032-888-5633

영흥도의 포도는 왜 이렇게 맛있나요?

영흥도의 여름은 기온이 서늘한 편이라 포도가 익는 속도가 늦다. 늦여름부터 본격적으로 익게 되면서 큰 일교차가 당도를 높여 육지의 포도보다 맛이 있다. 또한 비닐하우스에서 재배되는 것이 아니고 해양성 기후에 노출시켜 자연 재배하기 때문에 표피가 두꺼워 신선도가 오래 유지된다. 영흥도는 섬이기 때문에 육지보다 한 달 정도 계절이 늦게 시작되어 보통 9월 중순부터 달고 맛있는 영흥포도를 먹을 수 있다.

옹진의 맛

백령도 까나리액젓
섬 포도
장봉도 김
연평 꽃게
영양만점 바지락
무공해 전복
영흥도 버섯

백령도 까나리액젓
백령도에는 까나리가 유명하다. 5~6월경 많이 잡히며 낚시미끼로 쓰거나 말려서 졸여 먹기도 하지만 주로 액젓을 만드는데 쓰인다.

섬 포도
영흥도와 선재도에서 장봉도, 신도, 시도 그리고 자월도와 연평도, 백령도에 이르기까지 풍부한 일조량으로 당도 높은 섬 포도의 달콤함을 맛 볼 수 있다.

장봉도 김
장봉도에서 재배되는 김은 맛과 색상에서 뛰어나다. 9월부터 11월까지 생산되는 참김은 물이 맑고 깨끗하여 특유의 향과 맛이 으뜸이다.

연평 꽃게
지방질이 낮고 각종 단백질이 풍부하여 입맛을 돋워준다. 꽃게 작업은 상반기 4월 초에서 6월 말까지이고 하반기는 9월 초에서 11월 말까지이다.

영양만점 바지락
옹진에서는 산란기인 7, 8월을 제외하고 언제든지 바지락을 수확한다. 바지락 국물에 호박 등을 썰어넣은 바지락 칼국수는 영흥도의 대표적인 먹거리다.

무공해 전복
맑고 깨끗한 해저자갈 등에서 자라는 무공해 폐류로 맛이 뛰어나 기호도가 높으며 소화흡수력이 좋은 단백질을 함유하고 있다.

영흥도 버섯
섬유질이 풍부하고 항암, 해독효과가 있는 것으로 잘 알려진 버섯은 각종 성인병 예방에 효과도 인정되어 손꼽히는 웰빙식품 중의 하나이다.

강 화 도

어디까지 가봤니?
강화도

역사 속으로 떠나는 시간여행
생각을 멈추고 걷는 길
천천히 돌아볼 때 즐거운 여행
시간가는 줄 모르는 옛이야기
가슴으로 듣는 강화요새길
내 아이가 똑똑해지는 공부여행
강화도를 둘러싼 주변 섬 여행
강화의 맛

강화도 가는 길

자가운전: 올림픽대로 개화 IC(48번 국도) ▶ 김포 ▶ 강화읍

대중교통: 3000번 : 신촌-강화, 88번 : 영등포-강화, 60-5번 : 김포공항-화도,
60-2번 : 양곡-화도, 90번 : 부평-강화, 96번 : 일산-강화서문
70번, 700번, 700-1번, 800번 : 인천-강화

투어버스: 1호선 인천역 출발 / 매주 토·일요일 운행(4월 ~ 10월), 10시 출발
코스 : 인천역-초지진-광성보-전등사-농경문화관-강화인삼센터-인천역
문의 : 강서관광 032)772-4000

강화나들이 투어버스
갑곶돈대 주차장(10:00) - 강화터미널(10:10) / 매주 토, 일요일 운행(5월 ~ 12월 중순)
1코스 : 광성보-용흥궁/고려궁지-화문석문화관(체험)-평화전망대-고인돌(강화역사박물관)
2코스 : 아르미애월드 - 외포리 선착장(경유) - 보문사 - 민머루해변 또는 온천 족욕체험
문의 : 강서관광 032)772-4000

어디까지 가봤니?

강화도

역사의 흔적을 간직한 섬

강화도는 우리나라 5대 섬으로 강(江)을 끼고 있는 좋은(華) 고을이라는 뜻을 가지고 있다. 서해안 한강 어귀에 위치한 강화도는 지리적으로 고려의 서울인 개성과 조선의 서울인 한양과 가까이에 있어 파란만장한 역사를 간직하고 있다. 단군이 강화도 마니산에서 참성단을 쌓았고 삼국시대에는 한강패권을 장악하기 위한 교두보였으며 고려 때는 수도를 개경에서 강화도로 옮겨와 39년간 항몽의 시간을 보냈다. 조선시대에는 정묘호란, 병자호란을 겪고 구한말에는 병인양요, 신미양요를 거쳤다. 지금도 북한과 접경지역으로 우리 민족이 위험에 처할 때마다 최후의 보루로서, 군사적 요충지로서 그 역할을 묵묵히 담당해 오고 있다. 이런 긴 역사적 배경을 간직한 강화도는 섬 전체가 '지붕 없는 박물관'이라는 별칭으로 불릴 만큼 유적과 명승지가 많다. 가고 또 가도 새로운 곳이 많은 강화도로 출발해 보자.

THEME 01

역사 속으로 떠나는
시간여행

고인돌
고려산
마니산
고려궁지(강화유수부)
강화향교

진달래 꽃길도 걷고 우리나라 대표 고인돌도 만나보자 고인돌과 고려산

봄이 찾아온 4월의 맑은 날에는 계절을 놓치지 말고 강화 고려산(해발 436m)으로 가보자. 고려산을 오르기 위한 특별한 준비는 필요 없다. 편한 운동화와 모자 그리고 마실 물이면 충분하다. 강화버스터미널에서 버스를 타고 하점리 부근리의 고인돌 광장으로 가면 고려산으로 오르는 길이 있다. 버스에서 내리면 고려산으로 가기 전에 고인돌 광장에 있는 자랑스러운 세계문화유산 강화고인돌(지석묘, 支石墓)을 만나보자. 강화도에는 약 160여기의 고인돌이 분포되어 있는데 부근리 지석묘는 그 중 으뜸이면서 대한민국 대표 고인돌이다. 한국은 고인돌 왕국이라 불릴 만큼 세계에서 가장 많은 고인돌을 가지고 있다. 고인돌은 크게 탁자식인 북방식과 바둑판모양의 남방식이 있는데 강화의 고인돌은 두 양식이 섞여있다. 중국대륙 동북부에서 기원한 것으로 보이는 탁자식 고인돌이 한반도의 서북부를 경유하여 중서부의 강화도에 전해졌다는 점에서, 강화 고인돌은 남방식 고인돌과 북방식 고인돌의 맥을 잇는 가교 역할을 하고 있다. 사적 제137호의 강화 부근리 지석묘는 그 가치를 인정받아 2000년 12월 전남 화순, 전북 고창의 고인돌과 함께 유네스코 세계문화유산으로 등재되었다. 강화 부근리 지석묘는 우리나라 대표 고인돌답게 덮개돌의 무게만 53톤이고 덮개의 길이는 6.4m, 폭 5.2m, 두께 1.1m이며 두 개의 받침돌 높이는 약 2.5m로 모두 합한 총중량은 무려 75톤이나 된다. 축조 당시 동원 인원은 약 1,000명으로 추정되며 당시 사회의 구조와 규모를 가늠해 볼 수 있다. 보통 고인돌이라 불리는 지석묘는 청동기시대 지

강화 사람들은 영험한 기운이 흐르는 고려산에서 연개소문이 태어났다고 믿고 있다. 고려산 시루봉 밑에서 태어나 무예를 닦았다는 전설이 전해지고 있고 군사를 훈련시켰다는 치마대와 말에게 물을 먹였다는 다섯 개의 연못 오정(五井)이 남아있다. 나라의 위험이 찾아올 때마다 고려산에 기도처가 세워졌다. 그래서인지 고려산은 신내림을 받거나 신을 모실 때 찾는 영산으로도 유명하다. 고려산의 굿당에서는 모두 연개소문을 신으로 받들고 있다.

배자의 무덤이라고 하는데 제단(祭壇)고인돌로 추측하기도 한다. 강화 고인돌은 하나의 군집으로 이루어진 것이 대부분이며 산지를 중심으로 형성되어 고려산을 중심으로 부근리, 삼거리, 오상리, 고천리 고인돌군(群)이 위치하며 최북단에 교산리 고인돌군이 있다. 2천년이 넘는 시간을 끄떡없이 한자리에서 견뎌낸 위대한 고인돌을 만났다면 이제는 진달래향이 가득한 고려산으로 가보자. 해마다 4월 중순이 되면 20만 평의 산자락에 펼쳐놓은 붉은 진달래 꽃이 장관을 이룬다. 붉은 꽃융단이 끝없이 펼쳐져 있어 눈부신 봄날을 사진에 담으려고 찾아 온 사진작가들과 꽃놀이 인파로 넘쳐난다. 고려산의 진달래 향연이 열리는 고려산진달래축제는 매년 4월 고인돌 광장 및 고려산 일원에서 열린다. 진달래 명산으로 이름을 날리고 있는 고려산의 본래 이름은 오련산이었다. 고려 고종이 몽고의 침입을 피해 개경에서 강화로 도읍을 옮기면서 고려산이라는 새로운 이름을 얻게 되었다고 한다. 고인돌 공원을 찾아가려면 강화 버스터미널에서 1, 18, 23, 25, 27, 30, 32, 35번 버스를 타고 고인돌 공원에서 하차하면 된다.
주소: 하점면 강화대로 994-19

강화 사람들은 고려산에서 연개소문이 태어났다고 믿고 있다.

민족의 영화와 발전을 기원하는 참성단 마니산

마니산(해발 469.4m)이 있는 화도면은 원래 강화도 서남쪽에 있던 섬이었다. 고가도(古加島)라 불렸었는데 조선 숙종 때 1706년 여러 번의 간척사업으로 강화도 본도와 하나로 합쳐지게 되었다. 지금은 강화대교를 지나 곧장 올 수 있는 마니산은 백두산 천지와 한라산 백록담의 중심에 있는 민족의 영산(靈山)이다. 마니산은 화강암 바위들이 많고 기암괴석들이 산꼭대기를 향해 치솟아 있어 마치 하늘로 통하는 관문인 듯하다. 옛 문헌에는 마니산을 마리산(摩利山) 또는 두악(頭岳)으로 표기했는데, '마리'란 머리의 옛 말로 이를 한자로 표기하면 두(頭), 두악(頭岳)이 된다. 제일 높은 머리에 해당하는 산이라는 뜻으로 풀이할 수 있다. 가파른 918계단을 올라야만 참성단에 다다를 수 있는데 오르기 힘든 마니산에 제단을 만든 것은 한반도의 배꼽에 해당하는 곳으로 하늘과 연결되어 있기 때문이라고 한다. 기(氣)를 폭포수처럼 뿜어낸다는 참성단은 자연석으로 둥글게 쌓은 하단이 하늘을 상징하고 네모 반듯하게 올린 상단은 땅을 상징한다. 참성단에는 약 300년 된 소사나무(천연기념물 제 502호)가 자라고 있는데 단군신화의 신단수를 연상하게 한다. 고려사, 세종실록지리지, 신동국여지승람의 기록에 의하면 단군왕검이 민족의 영화와 발전을 기원하는 참성단(塹星壇)을 마니산에 쌓았다고 한다. 이런 연유로 개천절이 되면 이 곳 참성단에서 강화개천대축제를 연다. 또한 전국체전 성화를 참성단에서 7선녀가 채화해 체전의 불을 밝힌다. 마니산 정상으로 오르는 등산코스는 마니산 관광지 입구에서 시작해 단군로를 지나 첨성단을 거쳐 계단로로 내려오는 코스와 함허동천

이나 정수사에서 시작해 바위능선을 타고 첨성단으로 가는 길이 있다. 정상에 올라 사방을 둘러보면 해안의 간척지와 옹기종기 떠 있는 섬들, 김포평야가 한 눈에 들어온다. 날씨가 좋은 날에는 북쪽으로 개성 송악산의 풍경이 눈앞에 펼쳐진다. 마니산은 산행이 쉽지 않다. 반드시 등산화를 신어야 하며 바람이 많이 부는 날이나 비가 조금이라도 내리는 날은 오르지 않는 것이 좋다. 마니산을 찾아가려면 강화버스터미널에서 1, 4, 40, 41, 42, 43, 44, 700-1, 60-5번 버스를 타고 마니산 입구에서 하차하면 된다.

주소: 화도면 마니산로 675번길 18

[마니산 신선설화

단군이 참성단을 만들어 하늘에 제를 지냈던 마니산 정상으로 오르는 길은 재미있는 설화가 전해진다. 옛날에 나무꾼이 나무를 하려고 마니산 중턱쯤에 올랐을 때 숲 속에서 이상한 차림을 한 노인들이 바둑을 두고 있는 것을 보게 된다. 나무꾼이 바둑 구경을 하고 있으니 노인들이 술을 권해 마시면서 시간가는 줄 모르고 구경을 했다고 한다. 날이 저물자 나무꾼이 산을 내려와 마을로 내려왔는데 자기가 살던 동네는 세월이 300년이나 흘러 동네 친구들이 모두 죽고 없었다. 나무꾼은 이제야 노인들이 신선이었으며 그들이 권하여 마신 술이 바로 불로주(不老酒)였음을 알게 되었다. 이로부터 속세에서 말하기를 '신선놀음에 도끼자루 썩는 줄 모른다'라는 말이 생기게 되었다고 한다.]

고려와 조선의 공존 강화고려궁지와 강화유수부

송악산 중턱에 있는 고려궁지(高麗宮址)는 몽고군의 2차 침략을 피해 강화로 피난 와 세운 고려궁궐이 있던 자리이다. 강화도로 도읍을 옮긴 후 최우의 무신 정권은 군을 동원해 각도의 백성을 징발하여 궁궐의 성을 내성, 중성, 외성으로 세 겹 산성을 쌓았다. 궁궐과 산성 그리고 관청건물 등을 10년에 걸쳐 고종 21년(1234년)에 완성한다. 궁궐의 규모는 개경보다 작았으나 개경과 흡사하게 만들었다. 전등사 안에는 이궁(異宮)과 가궐(假闕)도 만들었는데 왕의 옷과 침구를 가져다 놓고 천신에게 기도해서 몽고의 침략을 물리치기를 기원했다. 당시의 몽고군은 유럽도 꼼짝 못할 정도로 강력한 초강국이었다. 그러나 고려는 고종 19년(1232년)부터 원종 11년(1270년) 개경으로 환도하기 전까지 이 곳 강화에서 39년간 줄기차게 몽고에 저항했다.

바다에 익숙하지 않았던 몽고군은 강화도를 공격하지 못했다. 결국 몽고는 고려와 화친을 원했고 원종은 1270년 5월 몽고와 협약을 맺고 환도하게 된다. 그때 몽고의 요구로 궁궐과 성을 모두 파괴했다. 이후 폐허로 있다가 조선시대에 후금과 전쟁의 위협이 있자 인조 9년에 고려 옛궁터에 행궁을 건립하고 고려궁지는 강화유수부(江華留守府)로 승격한다. 유수(留守)란 임금을 대신 지킨다는 뜻으로 오늘날 장관급에 해당하는 고위직이다. 또한 강화유수는 요즘으로 치면 수도 외곽을 지키는 군대의 우두머리로 막강한 군권을 행사하는 자리였다. 조선은 행궁 이외에도 유수부 동헌, 이방청, 규장외각, 장년전, 만녕전 등을 건립하였다. 그러나 1636년에 병자호란으로 청나라 군대에 강화성이 함락되어 강화유수부가 불타버리는 치욕을 겪었고 1866년 병인양요 때는 프랑스 군대가 쳐들어와 조선 왕립도서관인 규장외각에 소장되어 있던 국보급 전적과 보화 등을 전부 약탈해 가고 그 외 문헌들은 규장외각과 함께 불태웠다. 당시 보관하던 1,007종 총 5,067권의 책 가운데 현재 파리도서관에 소장된 359점을 제외한 모든 귀중한 책이 불타 없어진 것이다. 프랑스에 반환을 요구 중인 의궤도서 297권은 이 때 탈취해 가져간 책들이다. 지금은 강화유수부 동헌(東軒)과 이방청(吏房聽), 강화동종(江華銅鐘), 규장외각(奎章外閣, 2003년 복원)이 남아있다. 참고로 강화동종은 강화산성의 문을 열고 닫음을 알리는 종이었는데 병인양요때 프랑스 군대가 약탈해 가는 것을 조선군이 쫓아가 되찾았다고 한다. 고려궁지로 가려면 강화버스터미널에서 1, 14, 18, 20, 22, 24, 25, 26, 27, 30, 32, 33, 36, 38번 버스를 타고 고려궁지에서 하차하면 된다. 주소: 강화읍 북문길 42

강화의 교육을 책임졌던 **강화향교**

강화향교(江華鄕校)는 고려 인종 5년(1127년) 고전리에 세워진 후 몇 차례 옮겨 다니며 안팎을 정비하다가 영조 7년(1731년)에 이르러 지금의 위치에 자리하게 된다. 중국의 기록을 살펴보면 향교라는 말은 춘추시대 공자 이전부터 쓰였던 개념임을 알 수 있다. 우리나라에서 초기 향교는 직접적으로 '향교'를 언급한 단어는 발견되지 않았지만 〈고려사절요(高麗史節要)〉의 기록에 왕이 지방에 행차해 학교를 세웠다는 기록이 남아있다. 실제 향교라는 말이 나오는 기록은 〈고려사〉 인종 5년(1127년)에 "지방에 있는 생도들은 각기 계수관(界首官) 향교에서 부시를 증명하도록 하였다"고 나온다. 따라서 고려 인종시대부터 강화 향교가 만들어졌음을 알 수 있다. 향교 설립의 목적은 유교의 가르침으로 선비를 만들고 과거시험을 통해 인재를 양성하는데 있었다. 역사적으로 우리 민족은 매우 오래전부터 교육을 중요시했고 학문의 수준이 높았음을 알 수 있다. 고구려의 태학박사, 백제의 오경박사, 신라 거칠부의 국사 편찬 등은 당시 한문학이 얼마나 발전했는지를 보여준다. 선비란 '아는 것을 실천하는 사람'을 말하는 것으로 머리공부 뿐 아니라 몸공부의 중요성도 강조하였다. 선비의 하루를 살펴보면 매우 규칙적이고 성실하게 이루어져 있었다. 그림을 그리며 몸과 마음을 수양하고, 자연을 통해 순리를 배우며, 늘 때에도 예절을 지키고 올바른 자세와 공정한 법칙을 적용했다. 하루의 가장 중요한 일과는 독서였으며 몸과 마음을 건강하게 유지하기 위해 늘 자신을 돌아보는 명상과 산책을 즐겼다. 스스로 자신의 시간과 삶을 통제할 수 있었던 선비의 모습은 물질이 사람들의 정신을 갉아먹는 이 시대에 큰 가르침이 된다. 현재 강화향교는 중국의 5성(聖)과 우리나라 18현(賢)의 위패를 모신 대성전, 동무와 서무, 유학생들이 공부하던 명륜당, 유생들이 머무르던 동재와 서재 등으로 이루어져 있고 내삼문과 외삼문 등도 새롭게 지었다. 경내에는 '강화유수 이안눌 명륜당 창건비'와 '강화유수 이용희 문묘기적비'가 세워져 있다. 강화향교에서는 봄가을에 석전(夕奠)을 봉행하고 초하루와 보름에 분향을 한다.

강도(江都)의 궁궐

1234년의 강화는 궁궐공사가 완료되고 개경과 전국에서 이주한 귀족과 주민들을 위한 민가가 들어서면서 새로운 도읍의 면모를 갖추게 된다. 당시 강화의 인구는 30만 명이 넘었다. 현재 강화군의 인구가 약 7만 명이니 고려시대의 도읍 규모를 상상해 볼 수 있다. 강도의 궁궐은 개경의 궁궐구조를 그대로 본떠서 지었다. 행정관서는 궁궐의 남쪽과 동쪽에 두었으며 강도의 중심은 송악산, 견자산, 화산 주변에 자리하고 있었다.

THEME 02

생각을 멈추고
걷는 길

전등사(삼랑성)
정수사
적석사, 청련사, 백련사
국제연등선원 템플스테이
대한성공회강화성당

한국 최고의 천년고찰 전등사

전등사(傳燈寺)에는 입구를 알리는 일주문(一柱門)이 없고 절을 지키는 사천왕도 없다. 성 안에 절이 있는 것은 흔한 일이 아닌데 삼랑성(三郞城, 단군의 세 아들이 쌓았다는 성으로 정족산성이라고도 한다.) 안에 단단히 숨겨 놓은 보물처럼 자리하고 있다. 이 같은 모습은 강화도가 오래전 석기시대부터 번창했던 지역으로 같은 땅에 여러 역사가 겹쳐졌기 때문이라고 보아진다. 〈전등사본말사지〉를 살펴보면 고구려 소수림왕 11년(381년)에 아도화상이 처음으로 사찰을 창건하고 진종사(眞宗寺)라 이름 지었다고 기록되어 있다. 따라서 전등사는 1600여 년을 이어온 한국 최고(最古)의 사찰이다. 전등사로 이름이 바뀐 연유로는 왕비였다가 쫓겨나 고초를 겪었던 정화궁주 이야기가 전해지고 있다. 고려의 세자 왕심(王諶)이 충렬왕으로 즉위하면서 원나라의 황제 쿠빌라이 딸인 원나라공주가 정비로 들어 앉아 장목왕후가 된다. 즉위 전 충렬왕과 혼인하여 1남 2녀를 두었던 정화궁주는 궁 밖으로 쫓겨난다. 장목왕후는 정화궁주를 쫓아낸 이후에도 계속 모함하고 곤경에 빠뜨려 정화궁주는 시름에 찬 세월을 보내게 된다. 여몽연합군이 일본침공에 실패해 많은 병사들이 수장되자 이를 안타깝게 여긴 정화궁주는 옥등(玉燈)을 진종사에 바치는데 그 때(충렬왕 8년)부터 절 이름을 전등사라 부르게 되었다고 한다. 세월이 흘러 장목왕후는 39세에 죽었고 정화궁주는 충렬왕과 다시 재회했다고 전한다. 전등(傳燈)이란 "불법(佛法)의 등불을 전한다."는 뜻으로 '석가모니의 진리를 전달하는 사찰'이라는 의미를 가지고 있다. 전등사는 고려시대 대몽항쟁의 근본도량이었으며 격동하는 현대사의 중심에서 국운을 지켜낸 사찰이었다. 강화도에는 보물로 지정된 유물이 8점 있는데 그 중 3점이 전등사에 있다. 보물 제178호인 대웅전과 보물 179호인 약사전, 그리고 보물 393호인 범종. 전등사에 가려면 강화버스터미널에서 2,3,51,62,63,64,65,60-5번 버스를 타고 전등사주차장에서 하차 후 걸어서 10분 정도 올라가면 된다. 주소: 길상면 전등사로 37-41

세계문화유산을 만들고 지켜낸 전등사

전등사는 세계문화유산과 불가분의 깊은 관계를 가지고 있다. 특히 조선왕조실록은 전등사에서 지켜낸 정족산사고본만이 유일하게 전책으로 남아 현재 서울대 규장각에 보관하고 있다. 조선왕조실록은 조선 태조부터 철종까지 25대 472년의 역사적 사실을 기록한 세계 최대의 단일역사서이다.

대웅보전 지붕을 떠받치고 있는 나부상(裸婦像)

익살과 풍자 그리고 자비의 전설

전등사의 대표적인 건물은 보물 제178호인 대웅보전이다. 조선 중기의 건축양식을 보여주는 이 건축물이 세상에 유독 많이 알려지게 된 것은 대웅보전 지붕을 떠받치고 있는 나부상(裸婦像) 때문이다. 이 조각상에는 화재로 소실된 대웅보전을 다시 지을 때 사랑에 빠진 도편수 이야기가 전해 온다. 대웅보전을 짓는 일을 하기 위해 이곳에서 머물렀던 도편수는 마을 주막에 드나들면서 주모를 사랑하게 된다. 결혼까지 약속하고 일하면서 번 돈을 모두 믿고 맡겼는데 공사가 마무리될 즈음 그녀는 동네 총각과 돈을 가지고 자취를 감춰버렸다. 사라진 연인에 대한 배신감에 몇 날 며칠을 괴로워하던 도편수는 마음을 다잡고 대웅보전 공사를 마무리하면서 처마 네 군데에 지붕을 떠받치는 나부상을 새겨 넣는다. 자신을 속이고 도망간 여인이 대웅보전에서 부처님 말씀을 들으며 잘못을 참회하고 세상을 올바르게 살아가라는 뜻으로 조각상을 만들었다고 한다. 이런 사연으로 나부상을 '참회의 나녀상'이라고도 부른다. 그러나 이 나부상은 배신녀가 아니라, 정화궁주를 쫓아낸 원나라 공주에게 창피를 주기 위해 만들었다고도 한다. 또는 대웅전을 지키는 원숭이라고도 한다. 해석은 보는 사람의 자유다. 네 곳의 나부상을 잘 살펴보면 세 곳은 두 손을 올리고 벌을 받고 있는 듯한데 하나는 한 손을 슬쩍 내리고 다른 한 손으로만 처마를 받치고 있다. 전등사의 대표적인 건물을 지으면서 이런 재미진 해학을 숨겨놓은 조상의 여유에 미소 짓게 된다.

재미있는 이야기 삼랑성

고조선을 세운 단군왕검에게는 세 명의 아들이 있었다. 어느 날 단군이 말했다. "나라를 지키는 성을 쌓아야겠구나. 하지만 성을 쌓는 일은 힘든 일이라 걱정이로구나." 이 말을 들은 세 아들은 "아버지, 걱정하지 마세요. 저희 힘으로 성을 쌓겠습니다."라고 하였다. 강화 정족산에는 세 개의 봉우리가 있었는데 세 아들은 봉우리 하나씩을 맡아서 쌓기로 했다. 큰 바위를 주먹으로 부수고 산과 산 사이로 바위를 던져 주고 받을 수 있는 힘이 센 청년들이 모여 들었다. 청년들이 도와주자 성은 순식간에 완성이 되었다. 이후 사람들은 단군의 아들 세 명이 쌓은 성이라는 뜻으로 삼랑성이라고 불렀다.

신화와 호국의 정기가 어린 삼랑성

천년고찰 전등사에 들어가려면 단군의 세 아들 부여, 부우, 부소가 쌓았다고 하는 삼랑성(三郞城)을 지나야 한다. 삼랑성은 다른 이름으로 정족산성(鼎足山城)이라고 부른다. 고종 3년(1866년) 병인양요 때 프랑스 함대에 속한 600명의 군사가 갑곶돈대로 상륙하여 강화성을 점령하지만, 정족산성 전투에서 양헌수(梁憲洙)가 이끈 부대에 패하여 물러난 역사를 가지고 있다. 삼랑성의 축조된 연대는 정확히 알 수 없지만 성곽의 모습에 비추어 볼 때 삼국시대에 만들어진 것으로 짐작하고 있다. 고려시대 강화도로 수도를 옮기며 풍수설에 따라 성 안에 가궐을 지었다고 한다. 또한 현종 1년(1600년)에 마니산 사고(史庫)에 보관 중이던 '조선왕조실록'을 삼랑성 안의 사고인 정족산사고로 옮기고 왕실의 족보를 보관하는 선원보각도 짓게 된다. 삼랑성은 산의 지형을 이용해 능선을 따라 축조한 성으로 길이가 2.3km에 이르며 동서남북 각 방향에 성문이 있다. 삼랑성 남문의 문루는 '종해루'이고 위쪽으로 북문과 서문이 위치하고 있다. 동문과 남문 옆으로 이어지는 성곽을 따라 걸을 수 있는 길이 잘 정비되어 있어, 날씨 좋은 날 성곽길을 따라 산책하기 좋다. 해미디 가을이 찾아오면 심링성과 전등사 일원에서는 삼랑성역사문화축제가 열려 삼랑성과 전등사의 역사적 의미를 되새겨 볼 수 있는 기회가 된다.

전등사 윤장대(輪藏臺)
윤장대란 불교경전을 넣은 책장에 축을 달아 돌릴 수 있게 만든 것으로 윤장대를 한번 돌리면 경전을 읽은 것과 같은 공덕이 있다고 한다.

한국에서 가장 아름다운 꽃문을 자랑하는 정수사

마니산 동쪽에 자리 잡은 정수사(淨水寺)는 전등사, 보문사와 더불어 강화에서 빼놓을 수 없는 사찰이다. 신라 선덕여왕 8년(639년)에 회정선사가 마니산의 참성단을 참배한 후 이 곳 지형을 보고 '불자가 가히 삼매 정수할 곳'이라 하여 사찰을 세우고 정수사(精修寺)라 했다고 한다. 이후 조선 세종 5년(1423년)에 함허대사(涵虛大師)가 중창한 후 법당 서쪽의 맑은 물을 발견하고 정수사(淨水寺)로 이름을 바꾸게 되었다. 한국에서 가장 아름다운 문창살을 자랑하는 대웅보전(大雄寶殿)도 이때 만들어졌다. 꽃문, 꽃살이라고도 말하는 문창살은 우리나라에서 꽃병을 새긴 유일한 문창살로는 꼽히고 있다.

맑은 물을 발견하고 정수사(淨水寺)로 이름을 바꾸게 되었다.

정수사 법당인 대웅보전은 정면 3칸, 측면 4칸의 겹처마 맞배 지붕건물로 보물 제161호이다. 건물은 원래 정면 3칸, 측면 3칸의 방형평면이었으나 후대에 전면 툇간을 달아 현재 측면 4칸으로 되어 있다. 장대석으로 바른층 쌓기를 한 기단 위에 막돌초석을 놓고 약한 배흘림이 있는 두리기둥을 세워 기둥윗몸을 창방(昌枋)으로 결구하고 기둥 위에만 공포(栱包)를 짜 올린 주심포식(柱心包式) 건축이다.

[**함허대사의 부도**]
정수사를 중창한 함허대사의 부도. 함허대사는 성균관 유생으로 유학에 몰입하다 출가하여 무학대사의 밑에서 공부를 했고 조선이 건국되는 시기에 불교와 유교의 조화를 도모하는데 공헌을 했다.

지금으로부터 1600년 전 고구려 장수왕 때
고려산 정상 오련지에 핀 다섯 색의 연꽃을
인도에서 온 천축조사가
영험한 기운으로 날려 떨어진 연꽃 색에 따라
백련사, 청련사, 적련사, 황련사, 흑련사를 지었다고 전한다.

흩날리는 연꽃 따라 적석사, 백련사, 청련사

고구려 장수왕 4년, 중국 동진의 천초축사가 오련산(고려가 강화로 도읍을 옮겨 온 후 고려산으로 바꿔 부르게 되었다)에 올랐다. 지금의 고려산 오련지 연못에 핀 다섯 색의 연꽃 송이를 신통력으로 날려 연꽃이 떨어진 곳이 부처님의 인연이 닿은 곳이라 믿고 연꽃이 떨어진 자리마다 절을 세웠다고 한다. 백, 청, 적, 황, 흑색의 연꽃이 떨어진 다섯 곳은 백련사, 청련사, 적석사, 황련사, 흑련사가 되었는데 지금은 적석사, 백련사, 청련사 3곳만 남아있다. 사라진 황련사는 강화읍 국화리 연화동 옛 보만정 자리에 있었고 흑련사는 혈구산 서영동에 있었다고 한다.

적석사 전경

붉은 연꽃잎이 세운 절 적석사

적석사(積石寺)는 지금으로부터 1600여 년 전 고구려 장수왕 4년에 창건되었으니 태고의 신비를 간직한 기도처이다. 천초축사가 붉은 연꽃이 떨어진 자리에 절을 세웠다는 뜻에서 적련사(赤蓮寺)로 불렸으나 절 이름에 붉을 적(赤)자가 있어 산불이 자주 일어나 적석사(積石寺)로 바꾸게 되었다. 붉은 연꽃이 떨어진 자리는 사람들이 오르내리기 힘든 곳에 위치하고 있다. 그래서인지 적련사에서 고려 고종 39년에 완성된 대장경판을 여기에 보관했다가 백련사에서 다시 전등사를 거쳐 지금의 해인사로 이동했다는 기록이 남아있다. 조선을 대표하는 여류 서예가인 정명공주와도 인연이 있다. 광해군이 왕위에 오르자 이복동생인 정명공주를 폐서인으로 만들었고 그녀는 세파를 피해 이곳에 은둔했다고 한다. 그 후 이곳을 떠났던 정명공주는 병자호란으로 때 국난을 피해 다시 적석사로 왔다. 경내에는 부부목이라 부르는 아름드리 느티나무 두 그루가 있고 대웅전 동편에는 감로정 약수가 있다. 감로정은 나라에 변란이 있거나 흉년에는 흐려져서 마실 수 없다고 사적비에 기록되어 있다. 2002년 연평해전 때도 물이 흐려졌다고 하니 영험함에 놀라게 된다. 강화에는 적석낙조라는 말이 있는데 강화8경 중 제1경이 적석사의 낙조 풍경에서 나온 말이다. 서해의 낙조를 감상하는 낙조대 주위는 8개의 산이 감싸고 있어 연화8엽(蓮花八葉: 여덟 개의 연꽃잎)을 연상하게 한다. 적석사에 오르는 길에 있는 적석사 사적비는 조선 후기 명필 윤순(尹淳)이 쓴 글씨이다. 그냥 지나치지 말고 당대 최고의 필체를 잠시 감상해 보자. 적석사로 가는 길은 강화읍에서 군내 버스를 타고 적석사 입구에서 하차해 걸어서 20분 정도 걸린다.

백련사 철아미타불좌상江華白蓮寺鐵阿彌陀佛坐像

높이 51.5cm. 보물 제994호. 왼발을 옷 속에 감싸고 오른발을 드러낸 길상좌(吉祥坐, 왼발을 오른쪽 넓적다리 위에 놓은 다음 오른발을 왼쪽 넓적다리에 놓은 자세)의 모습으로 앉아 선정인(禪定印, 두 손을 가지런히 배 앞에 놓은 손 모양)을 짓고 있는 불상이다. 고려 후기에 유행했던 단아한 양식적 특징이 잘 나타난 철불좌상이기도 하다. 4각형의 얼굴에 반달 모양의 눈썹과 가늘면서도 알맞은 눈매, 단정하면서 오똑한 코와 작고 아담한 입 그리고 적당히 굴곡진 귀를 갖추고 있다. 이러한 모습은 표정의 변화를 극도로 절제하려던 선사(禪師)의 단엄한 분위기를 보여 주고 있는 것 같다. 이러한 특징은 신체에도 그대로 적용되고 있다. 단정하게 처리된 목과 삼도, 다소 좁아진 단아한 어깨선과 반듯한 가슴, 팔꿈치를 삼각형 모양을 지어 좌우대칭으로 한 의도적인 자세와 긴 상호 그리고 손발의 유연한 처리 등에서도 분명하게 나타나고 있다. 통견(通肩)의 대의(大衣)는 다소의 두께를 표현하였다. 옷주름은 간결하지만 왼쪽 팔꿈치 Ω자형 옷주름과 배의 띠 매듭 그리고 왼쪽 가슴의 독특한 고리 장식 등이 표현되어 있어 고려 후기 불상의 특징을 그대로 보여 준다. 이러한 특징은 장곡사금동약사불좌상(長谷寺金銅藥師佛坐像)이나 문수사금동아미타불좌상(文殊寺金銅阿彌陀佛坐像) 등 일련의 고려 후기 불상들과 흡사하다. 그러나 유난히도 큼직하고 대담하게 묘사된 승각기 장식과 왼쪽 종아리로 내려진 옷자락은 이들 불상과는 약간 다르다. 오히려 개성민천사금동불좌상(開城閔天寺金銅佛坐像)이나 개풍군 출토로 전해져 오는 국립중앙박물관 소장의 금동불좌상 등과 비슷한 모양이다. 단아한 모습의 특징을 지닌 불상 양식이지만 다소 엄숙한 편에 속하는 불상 계열의 대표적인 작품이라 할 수 있다. *출처 한국민족문화대백과

파란 연꽃잎이 세운 절 청련사

청련사는 강화읍 서쪽 고려산 기슭에 창건한 조계종 사찰로 강화도에는 하나밖에 없는 비구니 절이다. 전해 오는 이야기로 천축조사가 고려산에서 날린 파란 연꽃이 닿은 자리는 영 마음에 들지 않아 원통해서 절을 지은 후 원통암을 다시 지었다고 한다. 그 전설이 과연 진짜인지는 모르겠지만 원통암은 1984년 5월 20일 청련사와 합사해 지금은 원통전이라 부른다. 큰 법당 안에는 고려시대 불교미술의 높은 품격과 세련미를 볼 수 있는 보물 제787호 목조아미타여래좌상이 본존으로 있고 불당의 벽면에는 탱화가 걸려 있다. 청련사에서부터 고려산 정상으로 오르는 낙조봉 능선길은 약 130여 기의 고인돌 군이 눈길을 끌고 고구려 연개소문이 무술을 연마했다는 치마대와 말에게 물을 먹였다는 오련지도 만날 수 있어 고려산 트래킹의 백미 코스이다. 청련사로 가는 길은 강화시외버스터미널에서 14, 15, 36, 38번 버스를 타고 선행리 입구에서 하차하면 된다.

하얀 연꽃잎이 세운 절 백련사

고려산의 숲이 울창한 곳에 자리 잡고 있는 백련사는 황홀한 진달래 군락을 감상하기 위해 오르는 첫 번째 등산로의 시작점이다. 백련사에서 정상까지 완만하게 이어지는 30분 정도 코스는 산길과 계곡에 흐드러지게 핀 진달래와 호젓한 길이 좋다. 천초축사가 신통력으로 날린 흰색 연꽃이 닿은 자리에 세워진 절이라는 백련사는 팔만대장경을 보관했던 장소였다. 병인양요 때는 퇴각하는 프랑스 군이 장녕전을 불태우자 숙종과 영조의 초상화를 이 절에 피신시켰다고 한다. 고려 불상과 부도탑이 있는 것으로 보아 과거에는 상당한 규모의 사찰이었음을 가늠해 볼 수 있다. 백련사에는 1989년에 보물 제994호로 지정된 고려불상 철아미타불좌상(江華白蓮寺鐵阿彌陀佛坐像)이 있었는데 보물로 지정된 그해 12월 안타깝게도 도난당해 지금은 볼 수 없다. 고려 불상 계열의 대표적인 작품이라고 하는 철아미타불좌상이 백련사로 다시 돌아오기를 간절히 기원해 본다. 백련사 가는 길은 강화시외버스터미널에서 하점면, 양사면, 창후리 방향 버스를 타고 고려산 입구에서 하차하면 된다.

연등국제선원 템플스테이

연등국제선원은 한국의 선(禪)을 수행하는 선원이다. 성철 큰 스님의 가르침이 오롯이 살아있는 곳으로, 수행하고자 하는 내국인과 외국인, 일반 불교인이 물론이고 타 종교인들에게도 문을 열어 두고 있다. 세속적인 삶의 혼란에서 벗어나 참선 수행을 통해 자신의 본마음을 찾는데 전념할 수 있도록 도와주고 있다. 내·외국인을 위한 템플스테이를 운영하여 외국인들에게 한국 선불교를 알리고, 나아가 한국 문화의 우수성을 체험하는 수행 체험장으로서의 역할도 하고 있다. 연등 국제 선원은 자아의 성찰과 해탈의 길로 나아가고자 하는 사람들에게 불교 수행과 가르침의 교량이 되고 있다. 찾아가는 길은 강화버스터미널에서 온수리 방향 버스를 타고 목비고개 하차 후 에덴교회 옆길로 10분 정도 걸어 올라가면 된다. 미리 전화 예약을 하면 강화터미널에서 절까지 태워주는 차량이 온다. 주소: 길상면 강화통로 349-60 전화: 032-937-7033

> 강화성당은 실험성과 완성도를 동시에 이룬 세계적인 건축물로 평가 받고 있다. 또한 우리나라 문화와 전통을 존중하고 있는 성공회의 겸손한 자세로 이해할 수 있다.

토착화 선교를 지향했던 관용 성공회강화성당

성공회강화성당(大韓聖公會江華聖堂)은 한국전통 건축양식으로 지어진 우리나라 최고(最古)의 성당으로 유명하다. 우리나라에는 1890년 인천에 성공회가 최초로 들어왔다. 강화에서는 몇 년 뒤인 1893년 여름부터 외성 출입문 근처에 조그만 한옥을 빌려 선교를 시작했다. 성공회는 영국의 이오니아 섬처럼 한국 선교의 성지가 되길 바라며 강화를 선교의 초석으로 삼았다. 강화가 한강 입구에 위치해 있어 남북의 물자와 사람의 왕래가 빈번했기 때문에 성공회가 전국으로 뻗어나가는 자리로 적합하다고 판단했기 때문이다. 강화에 처음으로 마련했던 작은 규모의 성 니콜라 성당에서는 신자가 점점 늘어 넓은 성당을 마련해야 했다. 대한성공회 주교 트롤로프(M.N.Trollope)가 설계하고 경복궁 공사를 했던 궁궐도편수가 성당을 지어 1900년 성공회강화성당을 완공했다. 강화성당은 백두산 적송으로 만든 대들보와 마루, 영국 참나무로 제작된 성전 문을 가진 한옥구조물이다. 성당 안에는 십자가가 새겨진 범종이 있어 동서양의 건축법이 조화를 이루고 있다. 성당은 언덕 위 높은 곳에 자리를 잡았고 전체 구조는 배의 형상을 연상시킨다. 세상을 구원하는 방주 역할을 의미하고 있는 것이다. 아마도 강화가 섬이고 주민 대부분이 어민이기 때문에 갑곶에 드나드는 배를 보며 주교 트롤로프가 배의 모습을 따른 것은 아닐까 추측된다. 성당에는 불교를 상징하는 보리수나무와 향교에서 볼 수 있는 선비나무인 회나무가 있는데 두 그루의 나무를 통해 당시 한국인의 종교였던 불교와 유교를 포용하려는 종교적 관용을 엿볼 수 있다. 강화성당은 준공 이후 증개축을 하지 않아 더욱 큰 의미를 지닌다. 성공회聖公會라는 한자를 살펴보면 거룩하고 보편된 교회라는 의미이다. 성공회는 가톨릭으로부터 분파되었지만 차이점을 크게 부각하지 않는다. 겉모습은 천주교이지만 내면은 개혁적인 성격을 띤 개신교와 같다고 볼 수 있다. 강화성당은 실험성과 완성도를 동시에 이룩한 세계적인 건축물로 평가 받고 있다. 또한 우리나라 문화와 전통을 존중하고 있는 성공회의 겸손한 자세로 이해할 수 있다. 성공회강화성당을 찾아가려면 강화버스터미널에서 1, 14, 18, 20, 22, 24, 25, 26, 27, 30, 32, 33, 36, 38번 버스를 타고 고려궁지에서 하차하면 된다.

주소: 강화읍 관청길 22

강화의 갯벌은 세계 5대 갯벌 중 하나로 손꼽힐 만큼 크고 넓은 곳이다.

THEME 03

천천히 돌아볼 때
즐거운 여행

동막해변(분오리돈대)
장화리 일몰조망지
함허동천

다양한 바다 생물의 보고 동막해변

동막해변(東幕海邊)은 분오리돈대의 서쪽에 있는 해변으로 강화에서 가장 큰 모래톱을 자랑한다. 활처럼 휘어진 백사장과 울창한 소나무 숲으로 둘러싸인 동막해변은 세계 5대 갯벌로 손꼽히는 강화갯벌을 품고 있는 곳이다. 동막해변에 물이 빠지면 직선거리로 4km까지 갯벌이 드러난다. 밀물 땐 해수욕장으로 썰물 땐 갯벌체험을 할 수 있는 곳이다. 솔밭에는 캠핑이 가능하고 갯벌에는 칠게, 가무락, 고동 등 다양한 갯벌 생물들이 서식하고 있어 갯벌체험을 하기 좋다. 최근에는 너무 많은 관광객들이 다녀가면서 갯벌에 살고 있는 어종들이 사라질 위기에 처해 있다고 한다. 갯벌에 살고 있는 자그마한 생명들을 무분별하게 채집하는 것은 삼가고 눈으로만 살펴보기를 권한다. 강화도에서 가장 으뜸으로 손꼽는 해안도로는 남쪽의 화도면 장화리에서 동막해변으로 오는 길이다. 해질녘 일몰시간에 동막해변을 걷거나 해변 옆에 있는 분오리돈대에 오르면 마음까지 붉게 물들이는 아름다운 낙조를 감상할 수 있다. 동막해변으로 가려면 강화버스터미널에서 2, 3번 버스를 타고 동막해변에서 하차하면 된다.

주소: 화도면 해안남로 1481

동막해변 주변에는 바다를 바라보며 차 한 잔 하기 좋은 예쁜 카페들이 많이 있다.

분오리돈대는 돈장을 따로 두어 지키게 할 만큼 중요한 돈대였다.

분오리돈대

분오리돈대(分五里墩臺)는 조선시대 숙종 5년(1676년)에 강화유수(江華留守) 윤이제(尹以濟)가 설치한 여러 돈대 중 하나로 강화도의 남쪽 해안 중앙, 동막해변 동쪽 끝에 있다. 대포 4문을 올려놓는 포좌와 톱 니바퀴 모양으로 돌출시킨 치첩(稚堞) 37개소가 있는 초지진의 외곽 포대이다. 이 돈대의 동서남벽은 바다에 면한 천혜의 절벽요새이며 서쪽의 송곳돈대까지 3,100m 거리에 있어 영문(營門)에서 돈장(墩將)을 따로 두어 지키게 할 만큼 중요한 돈대였다. 참고로 돈대는 외적의 침입이나 척후 활동을 사전에 방어하고 관찰할 목적으로 접경 지역이나 해안 지역에 흙이나 돌로 쌓은 소규모의 방어 시설이다. 분오리돈대는 1994년 복원되었다.

분오리돈대에서 내려다 본 분오리선창장

장화리 일몰조망지

동해에 해돋이가 있다면 서해에는 해넘이가 있다. 강화에서 가장 아름다운 일몰을 볼 수 있는 석양포인트를 찾는다면 장화리 일몰 조망지로 가자. 강화의 지나간 역사를 생각하며 여행을 하다보면 붉은 빛이 내려앉는 강화도의 일몰에서 상서로운 기운이 느껴진다. 외세의 침략을 끈질기게 지켜내었던 강화의 치열했던 시간들 속에도 이토록 아름답게 저무는 해가 있었겠지. 강화의 땅을 딛고 서서 새삼스레 나에게 소중한 것들은 무엇인지 진지하게 물어보게 된다.
주소: 화도면 장화리 해변

구름 한 점 없이 맑은 하늘 함허동천

마니산 계곡에 있는 함허동천(涵虛洞天)은 조선시대의 승려인 함허대사(법명 기화己和, 무학대사의 제자)가 마니산 동쪽에 자리 잡은 정수사(淨水寺)를 중창하고 이곳에서 수도를 했다고 해서 붙여진 이름이다. 계곡 한쪽에 자리한 200m에 달하는 너럭바위에는 함허대사가 썼다는 '涵虛洞天' 네 글자가 남아 있는데 '구름 한 점 없이 맑은 하늘에 잠겨 있는 곳'이라는 뜻이다. 함허대사는 이곳을 사바세계의 때가 묻지 않아 수도자가 가히 삼매경에 들 수 있는 곳이라고 했으며 산과 물의 빼어난 경치를 칭찬했다고 전한다. 마니산 줄기 동쪽으로 뻗어 내린 능선에 위치한 함허동천은 서울 근교에서 손꼽히는 좋은 야영장으로 알려져 있다. 함허동천에는 4개 구역의 야영장이 있는데 주말과 휴가철에는 인터넷으로 사전 예약해야 이용할 수 있고 평일이나 비수기에는 예약 없이도 당일 선착순으로 입장하여 이용할 수 있다. 함허동천에서 야영하면서 마니산 정상으로 오르기는 매우 쉽다. 함허동천부터 시작해 마니산 정상으로 오르는 등산로가 있기 때문이다. 함허동천 매표소에서 출발하여 함허동천로인 능선로와 계곡로를 거쳐 칠선녀계단, 바위능선, 마니산 계단, 단군계단, 참성단이 있는 정상으로 가는 길로 총 6.4km이며 소요시간은 3시간이 걸린다. 함허동천 등산로는 경치가 빼어나 등산객의 발길이 끊이지 않는 코스이다. 함허동천으로 가는 길은 강화버스터미널에서 1, 2, 41번 버스를 타고 함허동천 주차장에서 하차 후 걸어서 5분 정도 올라가면 된다.

위치: 화도면 사기리 문의: 032-930-7066

THEME 04

시간가는 줄 모르는
옛이야기

용흥궁(철종외가)
봉천탑, 석조여래입상
이건창생가

용흥궁 입구

강화도령 철종 용흥궁과 철종외가

사도세자의 직계후손 철종(哲宗)이 왕이 되기 전에 살았던 잠저(潛邸) 용흥궁(龍興宮)이 강화에 있다. 할아버지 사도세자의 기구한 운명은 당대에서 멈추지 않고 후손들에게까지 이어졌다. 철종의 아버지 은언군(恩彦君)은 사도세자가 사망하자 출궁되어 그의 동생과 제주도로 유배되었다. 동생은 유배지에서 죽고 혼자 살아 한양으로 왔으며 이후에도 온갖 역모에 연루되어 평생 고초를 겪었다. 결국 은언군은 부인과 며느리가 천주교 세례를 받은 것을 방치한 죄로 사약을 받아 사사되었다. 당시에는 안동 김씨들이 정권을 잡고 세도정치를 하면서 왕손들을 하나씩 역모로 몰아 죽였다. 철종의 아버지 은언군 뿐 아니라 형제들도 피해가지 못하고 이담(李湛), 이광(李壙) 등이 차례차례 죽어 나갔다. 헌종이 1849년에 후사 없이 사망했을 때는 6촌 내에 왕손이 하나도 없었다. 그래서 강화에 유배와 있던 열아홉 살 철종이 대왕대비 순원왕후(純元王后)의 명으로 조선왕조 제 25대 왕(재위 1849~1863)으로 등극하게 된다. 즉위 후 대왕대비 김씨가 수렴청정 하였으며, 1851년 대왕대비는 자신의 근친인 김문근(金汶根)의 딸을 철종과 혼인시켜 왕비로 삼았다. 철종이 왕이 되기 전의 이름은 이원범(李元

철종 외가

範)이었다. 그는 한양에서 태어났으나 집안이 역모에 연루되어 왕족의 예우를 박탈당하고 평민으로 초가삼간에 살았다. 지금의 용흥궁은 왕이 되기 전에 살던 집을 새로 짓고 그 이름을 궁이라고 부른 잠저이다. 철종은 강화와 연관되어 전해오는 이야기가 많다. 왕이 된 철종은 궁궐음식보다 어린 시절 강화에서 먹던 음식을 먹고 싶어했다고 한다. 시래기는 강화에서 가져와 먹을 수 있었는데 막걸리는 오는 도중 상해서 먹지 못해 매우 안타까워했다고 한다. 왕이 된 후에도 강화에 대한 애정이 각별해 강화 사람들만 응시할 수 있는 특별 과거시험도 실시했고 묵은 세금 빚을 탕감해 주기도 했다. 이런 모습을 보면 철종은 매우 소박하고 어진 왕이었음을 짐작할 수 있다. 아마도 세도가에 휘둘리는 왕의 자리가 힘겨울수록 가난했지만 자유로웠던 강화 시절을 그리워했던 것 같다. 임금의 자리에 오르기 전 이원범은 산에서 나무를 해다가 행상을 하거나 농부로 살면서 겨우 목숨만 부지했을 정도로 먹고 사는 일이 힘겨웠었다. 그 시절 원범이에게는 혼인까지 약속한 양순이라는 처녀가 있었다. 원범은 왕이 된 후에도 강화도에 두고 온 양순이를 항상 그리워했다고 한다. 만인의 왕이 되었지만 세도정치의 허수아비 왕이었기에 천민 신분의 양순이를 궁으로 불러들이지 못했다. 양순이 역시 원범을 잊지 못해 미쳐 돌아다니는 것을 궁에서 사람을 보내 죽여 버렸다는 얘기도 전해 온다. 순수청년 원범은 강화시절 봄날 같았던 양순이를 왕이 되어서도 끝내 잊지 못했고 그 영향으로 병을 얻어 젊은 나이에 사망에 이르게 되었다고 회자된다. 철종의 외가도 등극 후 철종 4년에 45칸의 집으로 지어졌고, 지금은 지방문화재 자료 제8호로 지정되었다. 철종은 서울에서 왕족이라는 귀한 몸으로 태어나 강화로 유배되어 인생 밑바닥에서 살다가 왕위에 오른 지 14년 6개월 만에 33세로 짧은 생을 마감했다. 외척인 안동 김씨 일파의 전횡 앞에 무기력하기만 했던 철종을 비난하는 역사가들도 있으나 강화도령 철종의 인생은 탄생부터 죽음에 이르는 순간까지 자신이 선택할 수 있는 것은 아무 것도 없었던 안타까운 운명이었다. 용흥궁에 가려면 강화버스터미널에서 5, 14, 18, 20, 22, 24, 25, 26, 27, 30, 32, 33, 36, 38번 버스를 타고 용흥궁에서 하차하면 된다. 주소: 강화읍 관청리 441 전화:032-933-5091

용흥궁 안채

할머니, 고맙습니다 봉천탑과 석조여래입상

보물 제10호인 5층 석탑 **봉천탑**(江華河岾面五層石塔)은 강화에 있는 유일한 고려시대의 탑이다. 이 탑에는 전설이 내려오고 있는데 하음 봉씨의 시조인 봉우(奉佑)의 탄생설화이다. 이야기는 근처에 봉가지(奉哥池)라는 작은 연못에서 시작된다. 고려 예종이 즉위하던 해(1106년)에 이 부근에 살고 있는 할머니가 연못에서 빨래를 하고 있는데 벼락 치는 소리와 함께 못 가운데 돌로 만든 상자가 떠오르더니 오색구름이 보였다고 한다. 범상치 않은 상자를 조심스레 열어보니 잘 생긴 남자아이가 방긋 웃고 있어 아기를 꺼내 정성스레 거두어 아이를 왕에게 바쳤다. 나랏일을 할 귀한 인재라 기대한 왕은 아이에게 봉우라는 이름을 지어주었고 성장하여 과거에 급제한 뒤 많은 공을 세운 봉우는 하음백(河陰伯)에 봉해져 하음 봉씨의 시조가 되었다. 그 뒤 하음 봉씨는 크게 번성했고 봉우의 5대 손인 봉천우(奉天佑)가 높은 벼슬을 하게 되자 봉은사(奉恩寺)라는 절을 짓고 5층 석탑도 쌓아 빨래를 하던 할머니가 베푼 은혜를 기념했다고 한다. 봉천탑이라 불리는 강화 장정리 5층 석탑은 조상에게 은공을 베풀었던 고마움을 기리는 후손들의 마음이 깃들어 있다. 고종이 강화에 머무는 10년 동안 매년 2월에 봉은사에서 연등을 하였으며, 또 원종도 재위 15년 중 7년 동안 이 절에서 연등에 참여했다고 〈고려사〉에 기록되어 있다. 그러나 몽고와 화친협약을 하면서 임금과 신하들이 모두 개경으로 돌아가 폐허가 되어 지금은 가람을 배치한 흔적조차 찾아 볼 수 없다. 석탑 역시 발견 당시에는 파손되고 없어진 부속이 많아 성한 곳이 없는 상태였다. 1960년에 지금의 모습으로 세워 놓았는데 원형을 완벽하게 재현하지 못했지만 고려시대의 전형적인 석탑으로 매우 소중한 문화재이다. 5층 석탑에서 약 300m 정도 떨어진 곳에 있는 할머니 모습을 닮은 부처님 **석조여래입상** 역시 봉천우가 만들었다. 보물 제615호인 석조여래입상은 두꺼운 주형 판석에 부조된 11세기 고려시대 불상이다. 석조여래입상은 전체적으로 장대하고 불신의 비례가 좋은 편이나 큰 얼굴, 좁은 어깨, 큰 손 등이 다소 균형감을 깨고 있다. 큼직한 소발의 머리카락, 비대한 얼굴에 큰 눈, 두꺼운 입술, 큰 귀를 갖고 있고 목에는 3도가 뚜렷하며 오른손은 여원인, 왼손은 시무외인의 인상을 짓고 있다. 신체에 드리워진 통견의 법의는 U자형의 의문을 그리며 발끝까지 내려왔는데, 두껍고 둔중한 느낌을 준다. 이처럼 소박한 아름다움을 표현한 것은 친근감을 느끼게 하려는 의도가 있었던 것으로 보인다. 강화사람들은 이곳에 있는 석조여래입상을 마음 넉넉한 할머니의 모습을 닮은 부처님이라고 한다. 위치: 강화군 하점면 장정리 산 193번지

봉은사는 몽고와 협상을 하면서 고려 임금과 신하들이 모두 개경으로 돌아간 후에 폐허가 되어 지금은 가람을 배치한 흔적조차 찾아 볼 수 없다.

꼿꼿 당당한 암행어사, 이건창

강화도가 낳은 인재 이건창(李建昌)은 조선의 당쟁사를 기술한 '당의통략(黨議通略)'의 저자로 널리 알려진 분이다. 이건창은 15세에 과제에 급제하고, 23세 때 서장관(書狀官)으로 발탁되어 청국에 사신으로 가 그곳의 인사들과 교류해서 이름을 떨치게 되었다. 이듬해 충청감사 조병식의 비행을 들춰내다 모함을 받고 유배를 당하게 된다. 이 후 벼슬에 나서지 않으려 했지만 임금의 친서를 받은 암행어사로 흉년을 당한 지역의 세금을 감면해 주는 등 농민들을 찾아다니면서 구제에 힘썼다. 이후 암행어사 이건창의 공덕을 기리는 불망비(不忘碑)가 전국 곳곳에 세워졌다. 이건창 생가는 인천시 기념물 제30호로 지정됐는데 생가의 안채에는 명미당(明美堂)이라는 편액이 걸려있고 우측으로는 두 칸짜리 안방과 좌측에는 한 칸짜리 건넌방이 있다.

THEME 05

가슴으로 듣는
강화요새길

강화산성
광성보
갖곶돈대
초지진
덕진진
연미정(월곶돈대)
강화평화전망대

몽고군의 침입을 막아낸 철통요새 강화산성

강화산성(江華山城)은 고려 고종(1232년)때 개경에서 강화로 도읍을 옮긴 후 몽고군의 침입을 막기 위해 만든 성이다. 13년 동안 총길이가 7,122m를 돌로 쌓아 완성된다. 북쪽의 북산, 동쪽의 견자산, 남쪽의 남산, 서쪽의 진고개로 연결하여 강화읍을 에워싸면서 내성(內城), 중성(中城), 외성(外城) 세 겹으로 축성했다. 서문의 첨화루(瞻華樓), 남문의 안파루(晏波樓), 북문의 진송루(鎭松樓), 동문의 망한루(望漢樓) 등 4개의 대문과 암문(暗門), 2개의 수문 그리고 북장대, 남장대, 서장대 3개의 장대가 있었다. 그러나 고려 원종 11년(1270년)에 개경으로 다시 천도하면서 몽고군의 요구에 의해 강화산성을 허물게 된다. 이후 조선시대에 와서 다시 외성을 축조했는데 병자호란 때 청나라 군대에 의해 파괴된다. 숙종은 외세의 침략에 대비해 1710년에 내성 자리를 개축해서 오늘에 이르고 있다.

신미양요의 치열한 격전지 광성보

사적 제227호인 광성보(廣城堡)는 강화도 요새지의 총사령부였다. 광해군 때 보수하고 효종 9년(1658년)에 축조된 해안경비부대 주둔지로, 영조 21년 성을 개축하면서 성문을 건립했는데 이를 안해루(按海樓)라고 불렀다. 광성보 앞에 흐르고 있는 강화해협은 마포와 개성, 중국까지 직항할 수 있는 포구가 있어 한양을 지키는 중요한 군사요충지였음을 짐작할 수 있다. 안해루 남쪽으로 난 오르막길을 따라 걷게 되면 신미순의총(辛未殉義塚), 쌍충비각(雙忠碑閣), 손돌목돈대(孫乭項墩臺)를 거쳐 광성돈대(廣城墩臺), 용두돈대(龍頭墩臺)를 만나게 된다. 쌍충비각 안에는 신미양요(辛未洋擾, 1866년 8월 발생했던 제너럴셔먼호 사건에 대한 보복으로 미국 해병대가 1871년 전함 5척을 이끌고 와 조선을 침략한 사건)의 광성보 전투에서 순절한 조선 후기의 무신 어재연(魚在淵)을 기리는 전적비가 있다. 쌍충비각 맞은편 아래에는 광성보 전투에서 장렬하게 전사한 용사들의 무덤인 신미순의총이 자리하고 있다. 미군의 전쟁사에 '48시간 전쟁'으로 기록되어 있는 신미양요의 가장 격렬한 전장이 광성보였다. 어재연 장군은 600여 명의 조선 병사들을 거느리고 1,230여 명의 신무기로 무장한 미국 해군과 맞서 싸웠다. 조선의 군대는 어재연 장군을 포함해 430여 명이 전사하고 20여 명이 포로로 잡히고 만다. 무기 성능의 열세로 대패했지만 미군들과 끝까지 싸우며 한발자국도 물러서지 않았던 조선군의 투지는 오래도록 우리 가슴에 남아있다. 강화군에서는 광성보 전투에서 나라를 지켜 내려고 장렬히 전사한 용기와 불굴의 정신을 기리는 광성제를 매년 음력 4월 24일 드리며 신미양요의 서글픈 역사를 잊지 않고 있다. 찾아가는 길은 강화버스터미널에서 2, 53, 56번 버스를 타고 광성보에서 하차하면 된다.
주소 : 불은면 해안동로 446번길

수자기(帥字旗)는 어재연 장군이 신미양요 당시 광성보에 걸고 미국군대와 싸웠던 대형 깃발(장군기)이다. 광성보를 점령한 미군이 이 수자기를 전리품으로 탈취해 애나폴리스 해군사관학교 박물관에 소장하고 있었다. 2007년 장기 대여 형식으로 수자기는 고국으로 돌아온다. 이 수자기는 강화역사박물관에서 볼 수 있다.

광성보에 소속된 3개 돈대

용두돈대(龍頭墩臺) 광성보에서 가장 아름답기로 유명한 용두돈대는 그 모양이 용머리처럼 길게 쑥 내민 형상이라 붙여진 이름이다. 부드러운 암반의 곡선을 따라 세워져 마치 서양의 성벽을 연상시키는 천연 교두보로, 1679년 세워져 병인양요와 신미양요 때 치열한 포격전이 벌어졌던 곳이다.

손돌목돈대(孫乭項墩臺) 용두돈대와 바다가 훤히 보이는 높은 곳에 위치해 감시와 방어에 큰 역할을 한 돈대로 3칸의 무기고와 3곳의 포좌가 있었다고 한다.

광성돈대(廣城墩臺) 광성보에 소속된 3개 돈대 중 하나로, 광성돈대에 있었던 홍이포는 포구에서 화약과 포탄을 장전한 다음 포 뒤쪽 구멍에서 점화해 사격하는 사정거리 700m의 포구장전식 화포이다. 포탄이 날아가기는 하지만 폭발하지 않았기 때문에 위력은 약했다.

강화도에서 가장 중요한 관문 갑곶돈대

강화도는 5진(鎭), 7보(堡), 8포대(砲臺), 54돈대(墩臺)를 설치해 톱니바퀴처럼 섬 전체를 감싸며 방어했다. '진'이란 지방군의 지휘부가 주둔한 진영이고, '돈대'는 외적의 침입이 예상되는 접경지역 또는 해안지역에 흙이나 돌로 쌓은 크고 작은 방어시설물을 말한다. 그 돈대를 지휘하는 곳이 '진'과 '보'였다. 명칭에 따라 주둔하는 군사의 숫자가 다른데 '진'은 지금으로 치면 대대급의 병력이, '보'는 중대병력이 머물렀던 곳이고 '돈대'는 소대급 병력이 주둔했던 곳이라고 보면 된다. 사적 제306호 갑곶돈대는 숙종 5년(1679년)에 완성된 54돈대 중 하나로 고종 3년(1866년) 병인양요 때 프랑스군이 쳐들어온 곳이다. 강화도에서 가장 중요한 관문이었던 갑곶돈대 안에는 선조들의 업적을 기리는 강화비석군과 400년 된 갑곶리 탱자나무 그리고 강화도를 포위하고 있던 몽고와의 협상을 했던 이섭정(利涉亭)이 있다. '이로울 이(利), 물 건널 섭(涉)'자를 써서 이섭정이라 지었는데 이름 그대로 여기에서 협상이 잘 이루어졌다. 고려왕과 신하들이 개경으로 환도한 후 돌보지 않아 무너진 갑곶돈대(甲串墩臺)를 태조 7년(1398년)에 다시 세웠으나 세월을 이기지 못하고 무너져 1976년 강화역사 유적지 복원사업을 거쳐 현재의 모습이 되었다. 갑곶돈대 가는 길은 가는 길은 강화버스터미널에서 2, 13, 53번을 버스를 타고 갑곶돈대에서 하차하면 된다.

주소: 강화읍 해안동로 1366번길 18

강화도를 지키는 1차 방어기지 초지진

초지진(草芝鎭)은 강화해협을 사수하는 12개의 진보 중 하나로 조선 효종 7년(1656년)에 설치되었다. 외세의 첫 번째 침공루트에 있어 118명이 주둔하며 강화도를 지켰던 1차 방어기지였다. 고종 3년(1866년)에 천주교 탄압을 구실삼아 침입한 프랑스 함대와의 전투가 있었고(병인양요) 고종 8년(1871년)에는 통상을 강요하며 내침한 미국 함대가 조선군의 초지진 방어를 꺾고 다음날 덕진진을 함락하고 광성보에서 가장 치열한 전투를 치르게 된다. 신미양요 발생 4년 후 고종 12년(1875년)에는 일본 군함이 초지돈대 앞바다에 나타나 포격전을 일으킨 운요호사건이 발생한다. 운요호사건이 빌미가 되어 1876년 군사력을 동원한 일본에 의해 불평등조약인 강화도조약(조일수호조규)을 연무당에서 체결하게 된다. 초지진으로 가려면 강화버스 터미널에서 2, 53, 700, 700-1번 버스를 타고 초지진에서 하차하면 된다. 주소: 길상면 해안동로 58

쓰레기 버리면 곤장 팔십대 강화비석군 금표비

자연보호 일환으로 만들었던 강화도 내 금표비(禁標碑)는 매우 특이하다. 1703년 강화유수부에 세워졌던 금표 내용을 보면 방생축자장백일 기회자장팔십(放生畜者杖一百 棄灰者杖八十), 가축을 함부로 놓아 기르는 사람은 곤장 백 대를 치고 재나 쓰레기를 함부로 버리는 사람은 곤장 팔십대를 때리겠다는 경고문이 쓰여 있다. 쓰레기를 함부로 버리는 사람을 중형으로 다스리겠다는 법으로 깔끔한 쓰레기 처리를 통해 환경을 보호하려 했던 강화사람들의 정신을 엿볼 수 있다.

강화해협을 지켰던 가장 강력한 포대 덕진진

덕진진(德津鎭)은 강화 12진보 가운데 가장 강력한 포대로 강화해협을 지키는 요새 중의 요새였다. 숙종 5년(1679년)에 축조된 덕진돈대, 강화도 제 1의 포대였던 남장포대, 대포 10문이 설치된 덕진포대가 덕진진에 소속되어 있었다. 강화해협을 따라 왼쪽으로 광성보를, 오른쪽으로 초지진을 두고 있어 상호 연락이 수월한 중요 진지였다. 고종 3년(1866년) 병인양요 당시 양헌수 부대가 어둠을 타고 이 진을 거쳐 삼랑성(정족산성)으로 들어가 프랑스군을 격파했다. 고종 8년(1871년) 신미양요 때는 미국함대와 치열한 포격전을 치렀으나 화력의 열세로 남장포대와 덕진포대가 파괴되었지만 조선 군사들은 도망가지 않고 끝까지 싸우며 장렬하게 전사했다. 성문인 공조루(控潮樓)를 지나면 강화 최대의 포대인 반달모양의 남장포대가 도열해 있다. 자연적인 지형을 교묘하게 이용하여 적의 눈에 띄지 않도록 반달모양으로 만든 남장포대를 지나 계단에 올라서면 탁 트인 사각형 모양의 요새 덕진돈대가 있고 그 아래 계단으로 내려가면 바다를 향해 서 있는 경고비가 있다. 1867년 대원군의 쇄국정책에 의해 세워진 '바다의 척화비'이다. 비석에는 '海門防守他國船愼勿過(해문방수타국선신물과, 바다의 문을 막고 지켜서 다른 나라의 배가 지나가지 못하게 하라)"는 내용의 비문이 새겨져 있다. 덕진진 찾아가는 길은 강화버스 터미널에서 2, 53, 56번 버스를 타고 덕진진에서 하차하면 된다. 주소: 불은면 덕진로 34

달빛이 아름다운 강화 8경 연미정, 월곶돈대

교통의 중심지일 뿐 아니라 군사적으로도 요충지인 연미정(燕尾亭)은 한강과 임진강이 합류하는 지점에 있는데 강화해협으로 흘러가는 물길 모양이 마치 제비꼬리와 같다 하여 제비 '연(燕)', 꼬리 '미(尾)'자를 써서 정자 이름을 연미정이라 지었다고 한다. 정자는 높다란 주초석 위에 세워져 있으며 정자 양쪽에는 오백 년 묵은 느티나무 두 그루가 웅장한 자태로 정취를 더해주고 있다. 정자에 오르면 북쪽으로는 개풍군, 파주 동쪽으로는 김포 일대가 한눈에 들어와 아름다운 경치를 내려다 볼 수 있다. 연미정은 인조 5년(1627년) 정묘호란 때 후금과 굴욕적인 강화조약을 체결하는 장소가 된다. 이로써 조선은 오랑캐라 여겨온 후금 즉, 청나라를 형제처럼 대우해야 하는 굴레를 지게 된다. 안타까운 굴욕의 역사를 지닌 연미정은 이곳에서 바라보는 달 풍경이 너무도 아름다워 강화 8경이 될 만큼 빼어난 경관을 자랑한다. 연미정으로 가려면 강화버스터미널에서 10번 버스를 타면 된다.
주소: 강화읍 월곶리 242번지

강화 8경
강화 1경 마니산의 단풍 / 강화 2경 전등사에서 들리는 해질녘의 종소리
강화 3경 적석사와 장화리에서 본 서해 낙조 / 강화 4경 손돌목의 급한 조수의 물결
강화 5경 연미정의 달맞이 / 강화 6경 보문사의 석불
강화 7경 갑곶돈대의 대교 / 강화 8경 초지진의 포대

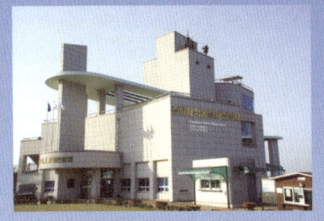 

분단의 세월이 흐르는 곳 강화평화전망대

강화평화전망대는 남한에서 가장 가까운 거리에서 북한 주민의 생활상을 육안으로 볼 수 있는 곳이다. 2008년 개관한 평화전망대는 남북한의 상호 이해의 폭을 넓히고 민족 동질성을 회복하여 평화적 통일의 기반을 다져 나가는 문화관광공간을 목적으로 하고 있다. 민간인 출입통제선(민통선)에 자리한 강화평화전망대는 지하 1층 지상 4층 건물로 되어 있다. 1층에는 이산가족의 한을 달래고 통일을 염원하는 통일염원소와 기념품 판매점이 있고 2층에는 전쟁관련 자료 전시실, 3층에는 북한 땅을 조망할 수 있는 조망실과 옥외전망대가 있다. 건물 밖에는 망배단(望拜檀)을 마련해 북한에 고향을 둔 이산가족들이 고향을 바라보며 조상들에게 제를 올릴 수 있도록 개방하고 있다. 강화평화전망대 찾아가는 길은 강화버스 터미널에서 1, 26번 버스를 타고 강화평화전망대에서 하차하면 된다.

주소: 양사면 전망대로 797 전화: 032-930-7062

강화평화전망대 북한 주민의 생활상을 육안으로 볼 수 있을 정도로 가까운 거리에 위치해 있다.

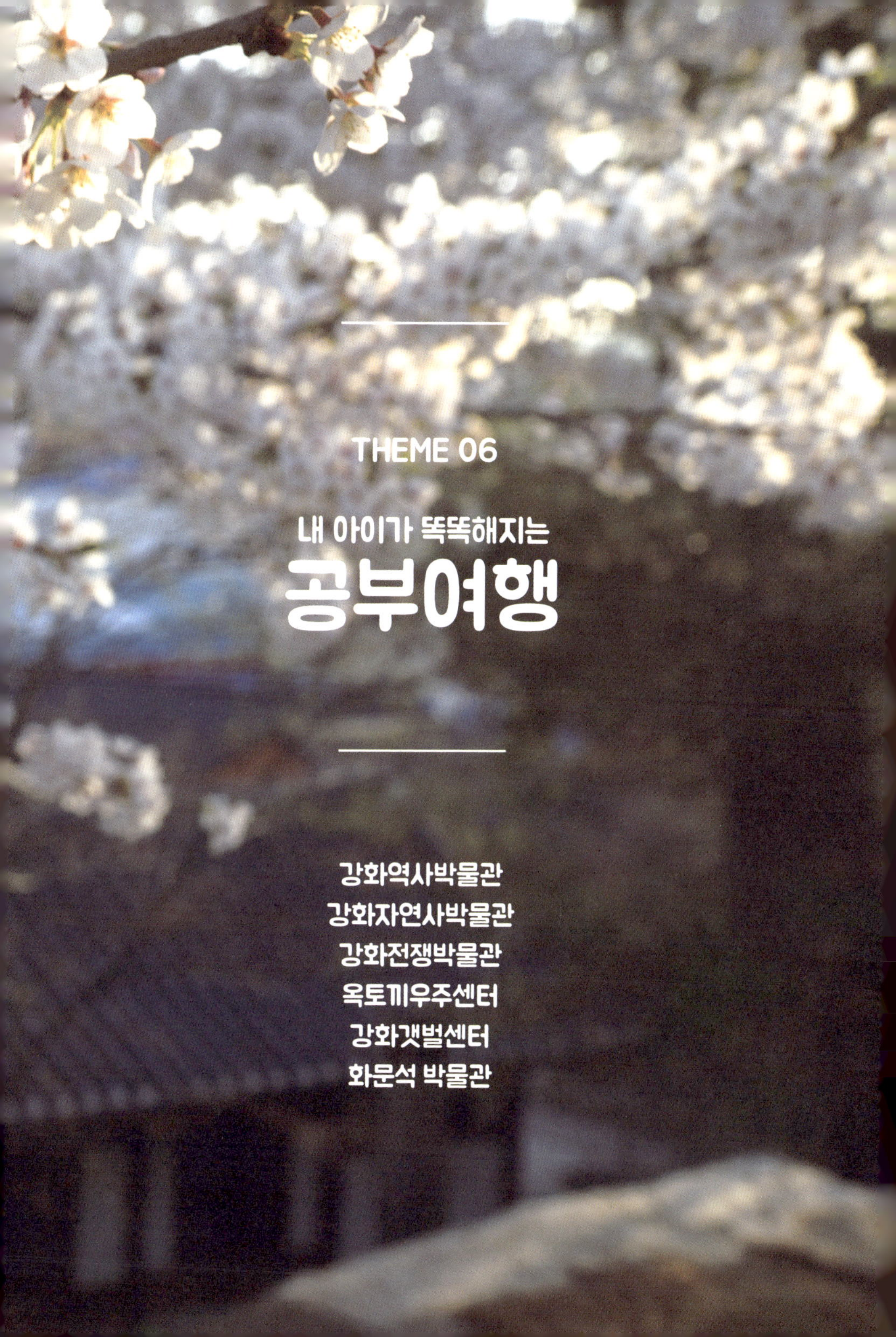

THEME 06

내 아이가 똑똑해지는
공부여행

강화역사박물관
강화자연사박물관
강화전쟁박물관
옥토끼우주센터
강화갯벌센터
화문석 박물관

광성보 전투 조선의 군대는 열세로 대패했지만 미군들과 끝까지 싸우며 한발 자국도 물러서지 않은 투지는 오래도록 이곳에 남아있다.

국난극복의 역사를 배우는 강화역사박물관

세계문화유산으로 지정된 고인돌 공원 내에 위치한 강화역사박물관은 선사시대부터 근현대까지 강화도에서 출토된 유물을 중심으로 우리나라 국난극복의 역사를 살펴볼 수 있는 박물관이다. 강화의 역사를 선사, 통일신라, 고려, 조선시대의 4개 실로 나누어 각종 유물과 디오라마로 이해하기 쉽게 전시하고 있다. 1층 로비에 들어서면 제일 먼저 만나게 되는 보물 제11호 강화동종(江華銅鐘)은 강화유수 윤지완이 작은 종으로 주조한 것을 그 후 유수 민진원이 강화성문을 여닫는 시간을 알리기 위해 숙종 37년(1711년) 정족산성(삼랑성)에서 현재와 같은 형태로 다시 주조했다. 이 종은 어려움 끝에 강화역사박물관에 와 있다. 병인양요 당시 프랑스 군이 탈취해 갑곶으로 운반하다가 조선군의 추격에 종을 버려두고 도주했기 때문이다. 강화동종 옆에는 조선시대 선두포 제방공사(1706년) 과정을 기록하여 세운 비석 '선두포축언시말비(船頭浦築堰始末碑)'가 있다. 강화는 섬이지만 드넓은 평야가 펼쳐진 독특한 풍경을 가지고 있다. 강화도의 간척 역사는 고려 때로 거슬러 올라간다. 몽고의 공격을 피해 도읍을 강화로 옮겨 온 고려는 인구 증가로 인한 식량부족을 타개하기 위해 농토를 개간하게 된다. 그렇게 시작한 간척의 역사는 조선 후기에 무려 11만 명이 동원된 선두포언 공사로 이어진다. 1707년 완성된 선두포언 개척공사의 구체적인 내용을 확인할 수 있는 소중한 자료가 선두포축언시말비이다. 그 밖에 1층 상설전시장에는 고려시대와 조선 근대시기의 유물들이 전시되고 있으며 2층에는 구석기 시대부터 청동기 시대에 이르기까지 강화의 역사를 알 수 있는 유물을 전시하고 있다. 1층에 있는 '고려 강화'로 가면 16년간 몽고의 침입을 막아보려고 불심으로 만들었던 팔만대장경(八萬大藏經)의 제작과정을 살펴볼 수 있다. 고려 고종은 강화로 도읍을 옮긴 후 선원사를 짓고 23년(1236년)부터 38년(1251년)에 걸쳐 팔만대장경을 제작한다. 완성한 대장경은 경판(經板)의 수가 8만에 이르고, 8만 4천개의 경전 말씀이 실려 있다. 완성 이후 1398년 5월 강화를 출발, 1399년 합천 해인사로 옮겨져 지금까지 보관되고 있다. 팔만대장경을 트럭으로 옮기면 1톤 트럭 260대가 필요하다고 하며 팔만대장경에 새겨진 불경을 원고지에 옮겨 쓰면 200자 원고지 25만 장이 필요하다고 한다. 글자를 새기는 데 적어도 500여 명이 동원되었을 것으로 추정하는데 마치 한 사람이 새긴 듯 서체가 같다는 것 등 국난의 시기에 불심으로 제작된 팔만대장경은 놀라운 점이 많다.

주소: 하점면 강화대로 994-19 전화: 032-934-7887

동국이상국집

팔만대장경

"엎드려 원하옵건데 여러 부처님들은 간곡하게 비는 것을 헤아리셔서 신통한 힘을 빌려주어 완악한 몽고로 하여금 멀리 도망하여 다시는 우리 국토를 밟는 일이 없게 하여 전쟁이 그치고 중외가 편안하며 무강한 수를 누리고 나라의 국인이 만세로 유지될 수 있게 하여 주신다면 제자들은 마땅히 노력하여 법문을 보호하고 부처님의 은혜를 만분의 일이라도 갚으려 합니다."

이규보의 〈대장각판군신기고문〉 중에서

백동장도

고려청자 청자진사연화문표형주자

아이들의 자연공부 놀이터 강화자연사박물관

강화자연사박물관은 46억 년 전 태양계의 탄생부터 다양한 생물로 가득한 지구의 모습, 인류의 진화과정 등을 체계적으로 전시하고 있다. 세계 5대 갯벌로 꼽히며 우리나라 전체 갯벌 면적의 17%를 차지하는 강화갯벌을 찾아오는 철새들의 모습과 자연생태계의 다양한 자료를 전시 중이며 특히 2009년 강화군 불음도 해변에서 발견된 길이 14.5m의 향유고래 골격표본이 전시되고 있다. 기증기탁실에는 강화출신 故박제원선생이 기증한 다양한 곤충표본도 전시되고 있다. 고인돌 공원 내에 있는 강화자연사박물관은 강화역사박물관 가는 길과 같다.

주소: 하점면 강화대로 994-19 전화:032-934-7887

강화의 호국정신을 기리다 강화전쟁박물관

강화전쟁박물관은 역사의 고비 때마다 군사적 요충지 역할을 수행하며 외세의 침략을 막아낸 강화의 호국정신을 기리기 위해 설립되었다. 갑곶돈대와 인접한 강화전쟁박물관에는 4가지 주제의 전시실이 마련되어 있어 선사시대부터 근현대에 이르기까지 각종 전쟁관련 유물을 전시하고 있다. 제1전시실은 선사~삼국시대 주제관으로 돌화살촉, 고리자루칼, 청동화살촉 등이 전시되고 있으며, 제2전시실은 고려시대의 철제은입사투구(鐵冠), 철투구(鐵鬪帽), 철도자(鐵刀子) 등이 전시되고 있다. 제3전시실은 조선시대 주제관으로 신미양요 때 어재연 장군이 광성보에 걸고 싸웠던 깃발 수자기(帥字旗)와 면제갑옷, 정묘호란 당시 강화도로 피난한 인조를 수행했던 황효원 장군이 사용했던 패월도(佩月刀) 등이 전시되고 있다. 제4전시실은 조선시대 주력 화포인 불랑기포(佛狼機砲), 항일 의병들이 사용한 화승총(火繩銃), 대한제국 장교들이 사용한 군도(軍刀) 등 근현대 시대의 각종 전쟁 관련 유물들이 전시되고 있다. 이밖에 항일의병을 체험하는 코너와 포토존이 마련되어 있다. 강화전쟁박물관으로 가는 길은 강화버스터미널에서 1, 2번을 버스를 타면 된다.

주소: 강화읍 해안동로 1366번길 18 전화: 032-934-4291

아이들과 우주여행을 떠나요 옥토끼우주센터

어린이들에게 전시와 체험교육을 통해 항공 우주과학에 관한 생생한 지식을 익힐 수 있도록 꾸민 국내 최초의 우주 항공 테마공원이다. 전시체험관은 각종 우주 탐사장비가 실물과 모형으로 전시되고 무중력 체험 시설을 비롯해서 물로켓 쏘기, 항공기 모형 만들기 등 다양한 체험을 할 수 있는 장소가 마련되어 있다. '공룡의 숲'은 대형 브라키오사우루스를 비롯한 40여 마리의 공룡이 숲에 설치되어 있어 공룡시대로 여행을 한 듯한 착각 속에서 체험을 즐길 수 있다.

주소: 불은면 강화동로 403 전화: 032-937-6917

갯벌에 대한 모든 것을 체험할 수 있는 강화갯벌센터

세계 5대 갯벌 중의 하나로 손꼽히는 강화갯벌(천연기념물 제419호)에 위치한 강화갯벌센터는 오감을 통해 강화갯벌의 자연생태계를 직접 느낄 수 있는 자연 속에 있는 체험 교육장이다. 갯벌센터 입구에는 천연기념물 제205호이자 멸종위기야생동물 1급인 갯벌의 대표새, 저어새 가족상이 있다. 저어새는 숟가락처럼 생긴 부리를 좌우로 저어가며 먹이를 찾는데 부리가 밭을 가는 쟁기처럼 생겼다고 해서 '가리새'라고도 한다. 세계적으로 동아시아에서만 서식하는 종으로 2010년 기준으로 약 2,400여 마리만 서식한다. 주로 한국, 홍콩, 대만, 일본, 베트남, 필리핀 등지에 분포하는데 그 중에서도 강화갯벌을 비롯한 서해안의 무인도서에서 번식하는 것으로 알려져 있다. 지하 1층 지상 2층 규모의 강화갯벌센터에서는 강화갯벌의 4계절 생태계 모습과 강화갯벌에서 서식하는 각종 야생조류, 동식물 등을 테마별로 만날 수 있다. 갯벌센터 주변에는 해안가를 따라 강화나들길과 연결되는 숲속 산책로가 있어 아름다운 바닷길을 즐길 수 있다. 강화갯벌에 서식하는 새들의 모습을 가까이에서 관찰할 수 있는 탐조대와 학습장을 마련한 환경친화적인 갯벌 연구교육문화센터이다. 아이들과 함께 하는 여행이라면 갯벌에 대한 모든 것을 체험할 수 있는 강화갯벌센터를 빠뜨리지 말고 들려 보자. 강화갯벌센터로 가는 길은 강화버스 터미널에서 1, 2, 3, 4번 버스를 타고 강화갯벌센터 주차장에서 하차 후 걸어서 5분 정도 가면 된다.

주소: 화도면 해안남로 2293번길 37 전화: 032-930-7064

국내유일 꽃무늬 돗자리 화문석문화관

강화도에서만 생산되는 순백색의 왕골로 만들어진 꽃무늬 돗자리를 화문석(花紋席)이라고 한다. 전국 유일의 강화화문석이 언제부터 제작되기 시작했는지 기록이 남아있지 않아 정확한 연대는 알 수 없지만 고려 중엽부터 가내수공업으로 전수되어 발전했다고 한다. 고려시대 강화는 39년 동안 고려의 수도 역할을 하면서 강화로 이주한 왕실과 관료들을 위해 최상품의 돗자리를 만들었다. 이후 조선시대로 접어들면서 왕실로부터 특별한 도안을 만들라는 어명에 받게 된다. 이에 부응하면서 새로운 화문석 제작에 성공하여 다양한 도안과 제조기술이 발전해 오늘에 이르고 있다. 강화를 대표하는 특산물인 화문석을 널리 알리기 위해 송해면 양오리에 세워진 화문석박물관을 방문하면 화문석을 비롯해 다양한 왕골공예품의 변천과정을 살펴 볼 수 있다. 화문석문화관 1층에서는 왕골공예 체험의 기회를 마련하고 있는데, 일주일 전에 전화로 신청하면 왕골공예인들과 함께 미니화문석과 왕골소품을 직접 만들어 볼 수 있다.

주소: 송해면 장정양오길 413 전화: 032-930-7060

강화군은 강화도를 본도로 주위를 둘러싸고 있는 석모도, 교동도, 볼음도, 주문도 등 유인도가 11개 있고 무인도가 18개 있다. 어디에 그 섬들이 있냐고 의아해 할 수도 있지만 강화도에서 간척사업이 있기 전까지는 더 많은 섬이 있었다. 마니산도 원래는 고가도라는 섬이었다. 나름의 특색과 문화가 살아있는 강화군의 섬으로 가보자.

THEME 08

강화도를 둘러싼
주변 섬 여행

석모도 교동도
볼음도
주문도
아차도
동검도 서검도

바람이 이루어지는 섬 석모도

외포리선착장에서 출발하는 배를 타면 5분 남짓 거리에 석모도(席毛島)가 있다. 현재 강화도에서 석모도와 이어지는 삼산연륙교가 공사 중인데 곧 완공될 예정이라 연륙교가 개통되면 여객선은 더 이상 운항하지 않는다. 옛 추억이 될 여객선에 오르면 수많은 갈매기들이 사람들이 던져주는 새우깡을 먹기 위해 배를 따라온다. 잠깐 동안이지만 갈매기들은 섬으로 향하는 여행자의 마음을 설레게 해준다. 갈매기의 모습을 지켜보고 있노라면 여객선은 어느새 석모도에 도착한다. 여객선에서 내린 사람들의 대부분은 보문사(普門寺)로 향한다. 보문사는 남해 금산 보리암, 동해 낙산사 홍련암과 함께 3대 해상 관음도량(觀音道場)으로 세 곳 모두 바닷가 땅 끝 지역에 위치하고 있다. 뱃길이 험해 해상사고가 많이 일어나는 지역에 지어진 것은 자비로운 관세음보살이 보살펴주시길 바랬던 간절한 마음 때문이다. 보문사는 신라 선덕왕 4년(635년) 때 회정대사가 금강산에서 수행하다가 이곳에 와서 절을 창건했는데, 관세음보살이 상주한다는 산의 이름을 따서 산의 이름은 낙가산(洛迦山)이라 하고, 중생을 구제하는 관세음보살이 광대무변함을 상징하여 절의 이름을 보문사라 했다.

보문사에서 가장 유명한 마애석불좌상(磨崖石佛坐像)은 낙가산 중턱의 눈썹바위 아래에 있다. 눈썹바위 아래 새겨져 있다고 해서 미암좌불(眉庵坐佛)이라고도 한다. 마애석불좌상을 보기 위해서는 비탈진 길 약 1km를 걸어올라가야 하는데 모두 418개의 계단으로 되어있다. 12연기(緣起), 48팔계(八戒), 108번뇌(煩惱)를 상징하는 418은 불교에서 중요시 여기는 숫자로 계단 배치가 뜻 깊은 길이다. 불공을 드리듯 한 계단 한 계단 차분하게 올라가다 보면 깎아지른 듯한 마애석불좌상을 만난다. 마애석불좌상은 높이 9.2m, 너비가 3.3m에 달하는 거대한 형상인데 높이 32척에 너비 11척으로 관음보살의 32응신(應身)과 11면(面)을 상징한다. 계단을 다 오르면 서해 바다의 풍경이 경이롭게 펼쳐진다. 여기서 바라보는 보문사 앞바다의 바닷물을 보문첩도(普門疊濤)라고 하는데 빼어난 경관으로 강화 8경 중 한 곳이다. 강화도의 서편 바다 위에 있는 작은 섬 석모도는 민머루해변이 유명하다. 백사장이 약 1km 정도 펼쳐져 있어 해수욕과 서해 바다의 아름다운 석양을 조망할 수 있다. 물이 빠지면 감촉이 부드러운 갯벌이 나타나 조개, 게 등 갯벌생물을 관찰할 수 있고 인근에 어류정항, 장곶항 등이 있어 배를 타고 바다낚시를 즐길 수 있다. 운이 좋다면 천연기념물 저어새를 아주 가까이에서 볼 수 있다.

사찰에서만 맛볼 수 있는 연꿀빵

민머루해변

태조 이성계의 명마 석모도 사자황

태조 이성계가 조선을 건국할 때 공을 세운 여덟 마리의 준마가 있었다. 팔준마라고 하는 데 세종 임금은 팔준마의 공을 기리기 위해 용비어천가를 지을 때 집현전의 여러 신하를 시켜 찬(贊)을 짓게 하고 안견을 시켜 이 팔준마의 그림(八駿圖)을 그리게 해 후세에 전하고 있다. 팔준마 중에서 사자처럼 사납다 하여 사자황이라 불렀던 말은 이성계가 왜구를 물리칠 때 타고 다녔던 말로 석모도에서 길렀다. 해동잡록의 기록에 의하면 "사자황(獅子黃)은 사자와 같은 황마(黃馬)이다. 강화(江華) 매도(煤島, 지금의 석모도) 소산으로 지리산에서 왜구를 평정할 때 타던 말이다. …… 누른색이며 주둥이는 검다. 3척의 칼로 위엄을 떨쳐서(三尺威奮) 한 번 성을 냄으로 성공을 했나니(一怒而成) 지리산 고개에(頭流山峙) 누른 사자가 유명했었다(黃獅有名)." 국립중앙박물관에 소장 중인 사자황의 모습은 한가하게 풀을 뜯고 있는 황색 바탕에 검정색 점박이 얼룩말이다. 눈가에 흰 띠가 둘러져 있고, 말 갈퀴가 목 주위를 휘감아 내려와 다른 말에 비해 이채롭다. 지금은 흔적을 찾기 어렵지만 기록에 보면 강화에 말목장이 많았다고 한다. 강화는 땅이 기름져 말먹이로 쓸 풀이 풍부했고 서울과 가까워 수송이 편리했기 때문이다. 18세기 이후 강화도에 말목장이 사라지기 시작하면서 지금은 흔적을 찾아보기 힘들다.

사자황(獅子黃)
작가미상, 비단 채색, 42cm*35cm,
1705년, 국립중앙박물관 소장

지나간 시간이 머물러 있는 섬 교동도

교동도는 민간인 출입통제선(민통선) 안쪽에 위치한 섬이다. 그래서 교동도에 들어가기 위해서는 신분증을 반드시 챙겨야 한다. 교동도는 면적이 크지 않지만 강화군에서 제일 넓은 평야를 지니고 있는 섬이다. 예로부터 지금까지 해상교통로로 군사적으로 매우 중요한 위치를 차지하고 있다. 조선시대에는 국방의 중요성이 부각되면서 도호부로 승격되었고 한때는 삼도수군통어영이 교동도에 설치되어 서해바다를 지키는 보루 역할을 하기도 했다. 교동도는 역사적으로 유배지로도 유명했다. 고려 때 희종이 최충헌에 의해 폐위되어 이곳으로 귀양 왔고 중종반정으로 임금의 자리에서 쫓겨난 연산군과 광해군, 광해군의 형 임해군, 동생 능창대군이 이곳으로 귀양을 왔다. 그 뒤로도 계속해서 주로 왕족들이 귀양을 오게 된다. 교동도에는 우리나라에서 처음으로 공자상을 모신 교동향교와 조선시대 삼도수군통어영의 본진이었던 교동읍성, 6.25 때 북한 연백군에서 교동도로 잠시 피난 온 주민들이 생계를 유지하기 위해 만든 대룡시장 등이 있다. 검문소를 지나 2014년에 개통된 교동대교를 건너면 제일 먼저 만나게 되는 곳이 유학을 배우며 성현을 모셨던 **교동향교**이다. 교동향교는 고려 충렬왕 12년(1286년)에 문선공 안유선생이 원나라에 갔다가 돌아오는 길에 공자상을 들여와 이 곳에 처음으로 모셨다고 전해지고 있다. 지금 남아있는 건물은 교육공간이었던 명륜당과 동재와 서재, 제사를 지내던 대성전과 동무와 서무이다. 내삼문과 외삼문, 제기고도 형태가 유지되고 있다. 교동향교를 향하는 길 입구에 읍내리 비석군이 있다. 읍내리 비석군에는 비석 40개가 모여 있는데 이들은 수군절도사, 도호부사, 삼도수군통어사 등의 영세불망비(永世不忘碑)를 한 곳에 모아 놓은 것이다. 교동도를 지켜주었던 **교동읍성**은 고을의 방어를 목적으로 축성한 성곽이다. 교동읍성은 인조 7년(1629년) 교동에 경기수영을 설치하면서 축조한 것으로 삼도수군통어영의 본진이었다. 성의 둘레는 870m이고 높이 약 6m로 동·남·북쪽 3곳에 성문을 세웠다는 기록이 있으나 현재는 무지개 모양의 홍예문(남문) 부분만 남아 과거의 규모를 추측해 볼 뿐이다. 교동읍성 다음으로 발길이 닿는 곳은 **대룡시장**이다. 시간이 멈춰선 듯 옛향기 가득한 대룡시장은 연백군에 살던 북한 주민들이 6.25 전쟁을 피해 교동도로 잠시 피난 왔다가 한강 하구가 분단선이 되어 고향에 돌아가지 못하게 되자 생계를 유지하기 위해 만든 시장이다. 50여 년간 교동도 경제발전의 중심지였으나 지금은 시장을 만든 어르신들이 대부분 돌아가시고 인구도 급격히 줄어들면서 시장 규모도 상당히 줄어들었다. 대룡시장에 들어서면 마치 70~80년대로 시간을 거꾸로 돌린 듯 착각에 빠지게 된다. 대룡시장은 2014년 교동대교 개통과 함께 1970년대 만들어진 영화세트장 같은 모습이 알려지면서 관광명소가 되었다. 그 중 가장 인기 있는 곳은 교동이발소, 동산약방, 중앙신발로 예능프로그램 방송이 나간 후 인기몰이를 하고 있다. 나들목식당과 거북당도 드라마 촬영지로 유명해졌다. 대룡시장에 가면 제비집과 제비가족, 제비를 보호하자는 글을 보게 된다. 그 이유는 고향 연백에서 찾아오는 제비에 대한 실향민들의 특별한 애정 때문이다.

교동향교는 고려 충렬왕 12년에 문선공 안유선생이 원나라에 갔다가 돌아오는 길에 공자상을 들여와 이곳에 처음으로 모셨다고 전해지고 있다.

교동도를 지켜주었던 교동읍성은 인조 7년 고을의 방어를 목적으로 축성한 성곽이다. 현재는 무지개 모양의 홍예문(남문) 부분만 남아 과거의 규모를 추측해 볼 뿐이다.

800년 된 은행나무가 반겨주는 볼음도

외포리선착장에서 배를 타고 들어가는 서도면의 3형제 섬(볼음도, 아차도, 주문도) 중 가장 큰 섬인 볼음도는 20미터가 훌쩍 넘는 볼음도 은행나무가 관광객들을 반갑게 맞이한다. 800여 년 전 전 수해로 나무가 떠내려와 건져다 심었는데 높이 24.5m, 밑동둘레 9.7m인 나무로 성장하여 천연기념물 제304호로 지정되었다. 이곳에서 매년 1월 30일이면 마을주민들이 모여 이 고장의 안녕과 풍어를 비는 풍어제를 지내왔으나 6.25 이후 출어가 금지되고 기독교가 볼음도에 전파됨에 따라 이 풍속은 자취를 감추게 되었다고 한다.

보름도(볼음도)는 원래 만월도라고 불렸다. 임경업 장군이 풍랑을 피해 잠시 머물면서 보름달을 봤다고 해서 붙여진 이름으로 15일 보름밤에 뜨는 밤(15夜月)을 발음 그대로 한글표기를 해서 보름도라고 했다. 지금은 오히려 보름도를 한자이름 표기를 하면서 볼음도(乶音島)로 불리고 있다. 볼음도의 면적은 여의도의 2배만 하다. 대부분 논으로 구성되어 있으며 전체 가구의 95% 이상이 농사를 짓는 농촌지역이다. 그것도 한 가구당 평균 경작면적이 1만5천 평이나 되는 부촌이다. 16년 전 바다를 막아 마을 한쪽에 큰 저수지를 만든 볼음도는 깨끗하고 풍부한 이 물 덕분에 늘 풍년이라고 한다. 섬이라는 게 믿기지 않을 만큼 드넓게 펼쳐진 논이 끝나는 곳 그곳에 바다가 있다. 볼음도에는 신기하게도 사람보다 새가 더 많이 산다. 갯벌에 서식하는 생물들 뿐만 아니라 논에서 나는 곡식도 풍부해 새들에게는 더할 나위 없이 좋은 서식지가 되기 때문이다. 섬보다 무려 네다섯 배나 더 넓게 펼쳐지는 영뜰해안, 경운기를 타고 한참이나 갯벌을 달려야 바다를 만날 수 있을 만큼 넓은 이곳은 새들에게는 낙원이다. 갯벌이 드러나면 새들이 일제히 날아와 먹이를 찾는 모습은 가히 장관이다. 섬을 찾는 새들은 철새, 텃새, 나그네새 등 모두 20여종이 있다. 여기에는 갈매기와 괭이갈매기, 가위새 그리고 천연기념물 제361호인 노랑부리갈매기 등이 있으며 동아시아에서만 사는 여름철새로 세계적인 희귀조류이자 천연기념물 205호인 저어새도 있다. 도요새는 2천 마리 이상이나 집단 서식하고 있다.

풍요로움이 넘치는 주문도

서도중앙교회 내부

해당화

조선 중기에 임경업이 명나라에 사신으로 떠날 때 이 섬에서 임금에게 하직의 글월을 올렸다고 하여 주문도(奏文島)라 하던 것을 물 가운데 섬에서 글을 올렸다는 뜻의 주문도(注文島)로 개칭하였다고 한다. 이외에 옛날 사신이 중국을 왕래할 때 한양의 국왕에게 여정을 보고하는 글을 올렸다는 유래도 갖고 있다. 주문도에는 한국의 미를 간직한 주문도 서도중앙교회가 있다. 강화 본도와 이웃한 주문도에 기독교가 전파된 것은 1893년 무렵이다. 1902년 본격적인 전도로 신도가 늘어남에 따라 1905년 교회가 설립됐고 이후 1923년 신도들의 헌금으로 현재의 한옥예배당이 세워지게 된다. 서도중앙교회는 우리 전통 목조건물의 가구형식을 바탕으로 서양교회를 지었고 외양은 한옥이지만 건물 안은 기독교의 내면이 드러나게 조화를 이뤘다는데 큰 의미가 있다. 주문도에 살고 있는 주민들은 농업과 어업을 병행하며 살고 있다. 주요 농작물은 쌀·콩·감자·고추·마늘 등이고 근해에서 숭어·꽃게·병어·새우·조기 등을 잡는다. 주문도의 명소 대빈창해변과 뒷장술해변에 여름이 찾아오면 해당화가 군락을 이루며 피어나 아름답다. 해당화는 한때 당뇨병에 특효라는 소문으로 인해 무단 채취가 심해 자취를 감추다시피 했지만 최근 들어 해당화 군락지를 복원하는 노력을 펼친 결과 해안가에 핀 해당화의 아름다움을 되찾았다. 주문도에 오려면 강화도의 외포리 선착장에서 정기적으로 운항되는 여객선을 이용하면 된다.

저어새

아차도

아차도는 해변가 언덕이라 하여 언덕 '아(阿)'자와 섬을 표시한다는 뜻인 '차(此)'자를 써서 아차도(阿此島)라는 한자어 이름으로 불리고 있다. 다른 유래로는 으뜸섬이란 뜻의 주문도에 비해 다음으로 작은 섬이란 뜻으로 아차도라 칭했다고도 한다. 모도인 주문도와 붙어 있다가 바다에서 천년을 묵은 이무기가 용이 되어 승천하는 도중에 임신한 여자를 보고 아차 하는 순간에 바다로 떨어져 그대로 하나의 섬이 되어 아차도가 되었다는 전설이 전해오고 있다. 아차도는 6.25 전쟁 이전까지만 해도 강화군 내에서 가장 부유하게 살았다. 작은 섬이지만 수자원이 풍부해 약 300~400여 척의 배가 이곳 아차도에 정박했고 면사무소와 학교, 어업조합, 양조장까지 있었고 특히 노루가 많았다고 한다. 현재도 우물이 많이 산재되어 있는 것으로 미루어 보아 당시 인구가 얼마나 많이 살았는가를 짐작해 볼 수 있다.

뱃길을 검문하던 섬 동검도, 서검도

강화도는 북쪽과 가까워 검문소가 많은데 옛날에도 움직이는 수상한 배를 검문하던 섬이 있었다. 바로 동검도(東檢島)와 서검도(西檢島)인데 이 섬에서 세관검사를 해서 유래된 이름이라고 한다. 서울로 향하는 배는 주로 동검도를 거쳐 염하로 해서 한강으로 들어갔다. 수상한 배가 한강 하류로 들어가려고 하면 배를 멈추게 하고 조사를 했는데 불응하고 염하로 들어가면 곧장 봉화를 올려 위험을 알렸다고 한다. 동검도는 2개의 포구와 돈대도 있다. 주민은 약 200여 명으로 주요 농산물로는 쌀, 콩, 고추 등이 있으며 인근 연안에서 고기도 잡고 굴, 조개, 바지락, 백합 양식을 하고 있다. 지금은 연도교로 강화도와 연결되어 있어 언제든 갈 수 있는 섬이 되었다. 서검도는 예전에 서쪽으로 드나드는 배를 검문하는 초소가 있어 서쪽을 감시하는 섬이라는 의미로 서검도(西檢島)라 불렀다. 미법도에서 서남쪽으로 약 2km 거리에 있으며 섬 면적은 5.7㎢이며 소규모 염전이 남아있다.

외포리 선착장

석모도, 주문도, 볼음도, 아차도를 가려면 외포리 선착장에서 여객선을 타야한다. 석모도는 현재 연륙교가 공사 중인데 곧 완공될 예정이라 삼산연륙교가 완공되면 더 이상 석모도행 배는 운행하지 않게 된다.

강화섬쌀
강화지역은 사면이 바다로 둘러 있기 때문에 사시사철 해양성 기후의 영향을 받고 있고 토양에 마그네슘 함량이 많아 곡식이 잘 여물며 맛을 내는데 크게 기여한다. 뛰어난 재배기술과 더불어 밤낮의 기온 차가 전국 어느 곳보다 뚜렷하여 곡식의 상품성을 높이는데 결정적인 역할을 한다. 덕분에 강화섬쌀은 전국적으로 명성을 날리고 있다.

강화순무
강화순무는 예로부터 피부 미용에 좋다 하여 '밭의 화장품'이라 불렸다. 특유의 매콤쌉싸래한 배추 꼬리 맛으로 입맛을 돋워주어 '밥도둑'으로도 손색이 없다. 감미롭고 고소하며 겨자 향이 나는 독특한 인삼 맛을 간직하고 있으며 비타민 함량이 높고 소화를 촉진시키는 데 특효가 있다고 알려져 있다.

강화사자발약쑥
강화사자발약쑥은 강화의 토질인 사질황토(모래가 섞인 사질황토) 덕분에 물이 잘 빠져, 잘 자라며 약효가 뛰어나다. 강화사자발약쑥의 잎과 뿌리, 줄기는 각각 다른 효능을 가진 약액 성분이 함유되어 있어 각종 질병 예방 치료제로 널리 이용되며 쑥뜸, 쑥차로도 애용된다.

강화화문석
강화화문석은 화려하고 우아한 무늬와 정교함으로 유명하다. 땀을 잘 흡수하고 겨울철 냉기를 방지하는 습성이 있어 실용성이 높다. 화문석문화관에서 화문석에 관한 이모저모를 살펴볼 수 있고 직접 화문석공예품 제작체험도 가능하다.

강화인삼
혈액 생성 작용을 왕성히 하여 폐기능을 강화시키고 체내의 독을 제거하며 당뇨, 혈압을 안정시켜 준다. 강화인삼은 탄탄하고 중량이 무겁다. 또한 유효 사포닌 함량이 높아, 달여도 농도가 진하고 질이 좋아 상품가치가 우수하다.

강화속노랑고구마
달고 맛있는 속노랑고구마는 다른 지역에서 나는 밤고구마와 달리 강화도 해변가에서 주로 생산된다. 소화가 잘되고 부드러우며 건강식, 미용식으로 각광받고 있다.

강화수산물 강화도 앞바다에서 잡은 새우는 맛도 좋고 영양 면에서도 우수하다. 서해바다에서 잡아올린 다양하고 싱싱한 수산물은 어판장에서 바로 구입해 즉석요리로 즐길 수 있다.

강화풍물시장

강화풍물시장은 문화관광시장으로 지정되었고, 상설전통시장과 2일·7일에 열리는 5일장이 공존하는 명소로 다양한 강화특산물과 먹거리 식당이 있다.

강화장날

강화읍장날 2일, 7일 (풍물시장)
온수장날 4일, 9일 (온수공영주차장)
화도장날 1일, 6일 (화도공영주차장)
교동장날 매주 토, 일요일
　　　　　(교동공영주차장)

강화인삼센터

강화풍물시장 옆에 있는 강화인삼센터에서는 강화에서 생산된 수삼, 홍삼, 백삼 등 다양한 인삼류를 판매하고 있다. 강화내 인삼시장은 강화인삼센터 이외에 강화고려인삼센터와 초지인삼센터가 있다.
주소: 강화읍 중앙로 17-9
전화: 032-933-8858

강화고려 인삼센터
주소: 강화읍 강화대로 96
전화: 032-933-3550

초지인삼센터
주소: 길상면 초지로 151
전화: 032-937-4455

외포항 젓갈수산시장 횟집촌

강화도 외포리 선착장 오른편에 있는 젓갈수산시장에서는 유명한 강화새우젓(추젓)을 비롯해 각종 젓갈과 강화도 인근에서 잡힌 수산물과 건어물을 판매하고 있다. 외포리 선착장을 바라보는 길 쪽으로 횟집들이 줄을 이어 횟집촌 거리를 형성하고 있다. 이곳에서는 서해 인근에서 갓 잡아 올린 싱싱한 병어, 숭어, 놀래미, 광어, 민어, 농어, 도다리, 도미, 우럭 등 다양한 종류의 회를 맛볼 수 있다. 특히 바다와 갯벌이 어우러진 낙조를 관망하며 여유롭게 먹을 수 있어 인기가 있다.
주소: 내가면 해안서로 899-2
전화: 032-932-6408

더러미 장어마을

더러미는 한강 민물과 서해 바닷물이 뒤섞이는 곳에 있는 작은 어촌 마을이다. 바닷물이 들어올 때 육지를 향해 바람을 몰고 오는데 이 때 바다에서 태어나 민물로 밀려와 더러미에서 서식하는 장어가 있다. 바람과 함께 장어가 왔다고 해서 더러미장어를 풍천(風川)장어라고 한다. 이 풍천장어의 맛과 효능이 입소문을 타면서 많은 관광객이 찾아와 작은 어촌마을이었던 더러미는 장어마을로 탈바꿈하게 되었다. 장어를 뜻하는 한자 '만(鰻)'자에는 '매일(日) 먹어도, 네(四) 번 먹어도 또(又) 먹고 싶은 물고기(魚)'라는 의미가 내포돼 있다. 이 곳 더러미 장어의 특징을 잘 나타내 주는 말이다. 더러미 마을에서는 바다에서 태어나 민물로 거슬러 올라오는 치어를 갯벌에 가두어 2년간 키운 뒤 중간크기의 장어만 상에 올린다고 한다. 흙냄새와 비린내가 없고 육질이 쫄깃하며 지방이 적어 소화가 잘 되는 특징을 가지고 있다. 장어는 식욕이 떨어지고 기운이 없을 때 입맛을 돋우기 위해 먹으면 좋다고 한다.
위치: 선원면 해안동로 신정리 일대

선수밴댕이 마을

밴댕이는 강화 교동도와 석모도 사이로 이어지는 앞바다가 주요 어장이다. 강화도 밴댕이는 5월말부터 7월초까지가 제철이다. 특별히 선수포구 근해의 밴댕이가 맛있는데 그 이유는 조수간만의 차가 커 물살이 세고 갯벌이 기름져 밴댕이의 맛이 담백하기 때문이다. 밴댕이를 한자로 "소어(蘇魚)'라고 하는데 〈증보산림경제〉에서 '소어는 탕과 구이가 모두 맛이 있고, 회로 만들면 썩어도 준치라는 그 준치보다 낫다"고 소개할 정도로 예로부터 그 맛을 높이 평가해 왔다. 단오가 지나면 밴댕이를 소금에 담그고 겨울에는 초를 쳐서 먹으면 더욱 맛이 나는데 밴댕이젓은 진미의 하나로 취급되어 진상품에 오르기도 했다. 조선시대에는 밴댕이를 관할하던 소어소蘇魚所란 관청이 있을 정도로 인기였다고 한다. 밴댕이는 피부미용에 좋으며 불포화 지방산이 많아 고혈압 환자나 허약체질이 먹으면 좋다고 한다. 밴댕이는 성질이 급해 잡히자마자 죽기 때문에 작은 일에도 부르르 떠는 마음보가 좁은 사람을 빗대어 말하기도 한다.
위치: 선원면 해안동로 2845번길 내리일대

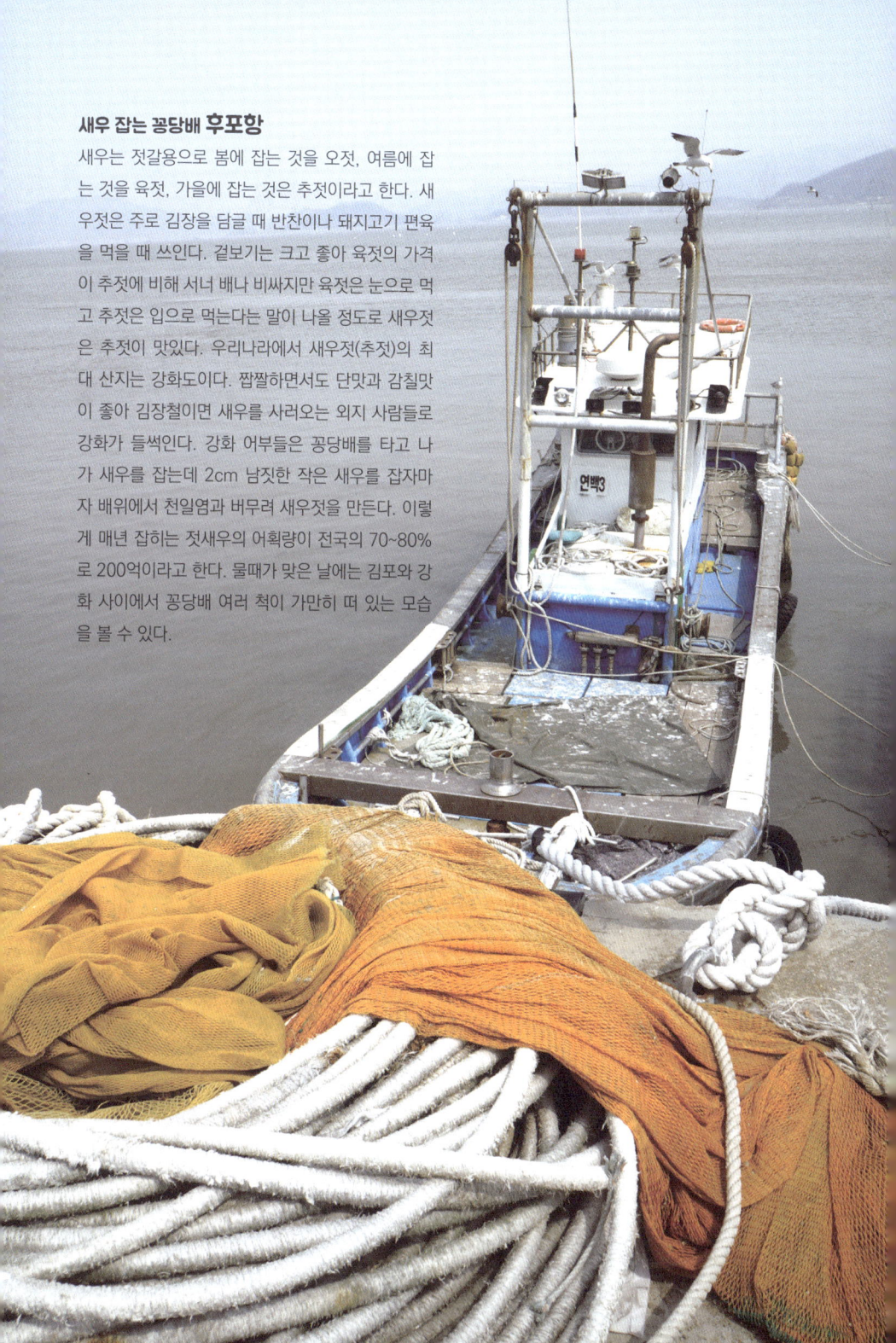

새우 잡는 꽁당배 후포항

새우는 젓갈용으로 봄에 잡는 것을 오젓, 여름에 잡는 것을 육젓, 가을에 잡는 것은 추젓이라고 한다. 새우젓은 주로 김장을 담글 때 반찬이나 돼지고기 편육을 먹을 때 쓰인다. 겉보기는 크고 좋아 육젓의 가격이 추젓에 비해 서너 배나 비싸지만 육젓은 눈으로 먹고 추젓은 입으로 먹는다는 말이 나올 정도로 새우젓은 추젓이 맛있다. 우리나라에서 새우젓(추젓)의 최대 산지는 강화도이다. 짭짤하면서도 단맛과 감칠맛이 좋아 김장철이면 새우를 사러오는 외지 사람들로 강화가 들썩인다. 강화 어부들은 꽁당배를 타고 나가 새우를 잡는데 2cm 남짓한 작은 새우를 잡자마자 배위에서 천일염과 버무려 새우젓을 만든다. 이렇게 매년 잡히는 젓새우의 어획량이 전국의 70~80%로 200억이라고 한다. 물때가 맞은 날에는 김포와 강화 사이에서 꽁당배 여러 척이 가만히 떠 있는 모습을 볼 수 있다.

내 곁에 있는 가까운 섬
인천시

팔미도 | 작약도 |
무의도 | 실미도 | 세어도

팔미도

팔미도(八尾島)는 연안부두에서 13.5km 떨어진 곳에 위치한 무인도이다. 섬 모양이 여덟 팔 자처럼 양쪽으로 뻗어 내린 꼬리 같아서 팔미도라 불렀다. 일제의 강요로 1903년 팔미도 꼭대기에 우리나라 최초의 등대가 만들어 졌다. 1950년 인천 상륙작전 때는 매우 중요한 역할을 했다. 팔미도등대는 인천광역시 지방문화재 40호, 한국등대문화유산 1호이다. 2003년 순수 국내기술로 새 등대가 지어지면서 지금은 두 등대가 나란히 서 있다. 새 등대 안으로 들어가면 홍보관이 있고, 서해안 일대를 바라볼 수 있는 전망대가 있다. 팔미도는 지난 106년 동안 일반인들의 출입이 금지되다가 2009년부터 일반인에게 제한적으로 공개된 섬이다. 팔미도에 입도하면 반드시 가이드와 함께 이동해야 한다.

대중교통 동인천역 12번, 24번 ▶ 인천항 여객터미널(약 20분 소요)
자가운전 경인고속도로 ▶ 외곽순환도로 ▶ 인천항 연안여객터미널
해상교통 현대마린개발 032)885-0001 www.palmido.co.kr

작약도

작약도(芍藥島)는 인천광역시 동구에 속한 섬으로 해안선 길이는 1.2km, 면적은 2만평 남짓한 무인도이다. 작약도의 원래 이름은 '물이 닿고 물이 치받다'는 뜻에서 물치섬(勿淄島)이었다. 이후 병인양요(1866년) 때는 프랑스 함대 이름을 따서 부아제(Boisee), 신미양요(1871년) 때는 섬 전체가 울창한 숲으로 덮여 있다고 해서 목도(木島, Woody Island)라 불리기도 했다. 이 섬의 해발고도는 57m로 남쪽으로 해식애가 발달한데다 해식애 앞면에 백사장이 펼쳐져 있다. 해안도로를 따라 울창한 해송림이 조성되어 있으며, 해변의 산책로에서 낚시와 조개잡이 등을 할 수 있어 자연학습장으로도 이용된다. 작지만 참으로 아름다운 섬이다. 연안부두에서 여객선을 타면 약 20분 정도 걸려 도착한다. 월미도에서는 작약도를 경유하는 유람선이 운항되고 있다.

대중교통 인천역 2번, 23번 버스 ▶ 월미도 선착장(약 15분 소요)
자가운전 경인고속도로 ▶ 월미도 선착장
해상교통 보성해운 032)762-8880 월~토 11:10~17:10, 휴일 11:10~18:10/ 매시 10분

무의도

무의도(舞衣島)는 인천광역시 중구에 있는 섬으로 육지에서 거리는 얼마 되지 않지만 배를 타야만 갈 수 있는 섬이다. 섬의 생김새가 투구를 쓰고 갑옷을 입은 상수가 칼춤을 추는 모습과 같다하여 무의도라 했다는 설과 여인의 춤추는 모습과 닮아서 무의도라는 설이 있다. 실미도는 무의도에서 바다가 갈라질 때 걸어서 갈 수 있는 섬이다. 소무의도는 무의도에서 다리로 연결된 섬이다. 면적 1.22㎢, 해안선 길이 2.5km로 '떼무리'라고도 한다. 인천상륙작전 당시에는 군 병참기지로 소무이도가 이용되었다고 한다. 무의도에서 가장 유명한 하나개해변에서는 호룡곡산, 국사봉과 등산로로 연결되어 있어 주말이면 많은 사람들이 찾아온다. 무의도에서는 마을버스가 주요관광지를 다니고 있어 승용차를 가져오지 않아도 여행하는데 불편이 없다.

대중교통 동인천역 좌석버스 306번 ▶ 잠진도 선착장
자가운전 인천국제공항고속도로 ▶ 잠진도 선착장
해상교통 잠진도 선착장 ▶ 무의도행 페리이용(10분 소요)
07:20~20:00 30분 간격으로 운항(금~일, 공휴일 수시 운항)
무의도해운 032)751-3354~6 ※겨울철 낮에는 해수면 높이가 낮아 잠시 휴항을 할 수 있다. 출발 전에 운항시간을 확인하고 출발하는 것이 좋다.

실미도

실미도(實尾島)는 인천광역시 중구 무의동에 위치한 무인도로 무의도에서 북서쪽으로 약 400m 떨어져 있다. 하루 2번 썰물 때에 무의도와 연결되어 걸어서 들어갈 수 있는 섬으로 섬 대부분이 해발고도 80m 이하의 야산이다. 실미도의 동쪽해안은 고운 백사장인데 서쪽해안은 온갖 기암괴석들로 힘이 느껴진다. 강우석 감독의 영화 〈실미도〉 촬영장소로 유명해진 섬이다. 실미도에서는 날씨가 좋으면 저 멀리 백령도와 북한 땅이 보인다. 실미도에 가려면 물때를 확인하고 가자.

대중교통 동인천역 좌석버스 306번 ▶ 잠진도 선착장
자가운전 인천국제공항고속도로 ▶ 잠진도 선착장 ▶ 무의도 큰무리선착장 ▶ 실미도
해상교통 잠진도 선착장 ▶ 무의도행 페리이용(10분 소요)
07:20~20:00 30분 간격으로 운항(금~일, 공휴일 수시 운항)

※겨울철 낮에는 해수면의 높이가 낮아서 잠시 휴항을 한다.
출발하기 전에 ㈜무의도해운 032)751-3354~6에 전화로 운항시간을 확인하는 것이 좋다.

세어도

인천광역시 서구에 자리한 세어도(細於島)는 가늘고 길게 늘어선 섬이라는 뜻의 이름이다. 육지로부터 1.2km 떨어진 세어도와 육지를 잇는 교통수단은 특이하게도 서구청의 행정선인 정서진호가 유일하다. 하루 1회 20명, 3회만 운항해 하루에 총 60명만 이 섬에 들어갈 수 있다. 이러한 제한 덕분에 세어도를 여행하는 사람들은 순수한 자연을 차분하게 느끼며 섬여행을 즐길 수 있다. 자동차와 빌딩이 없는 조용한 섬을 찾고 있다면 세어도를 추천한다. 옛 어촌의 모습을 잘 간직하고 있는 풍경 속에서 산책을 하다보면 어느새 세상 근심이 싹 사라지는 것을 경험할 수 있다.

대중교통 공항철도 청라국제도시역 77-2번 버스 ▶ 세어도 선착장 / 하루 2회 운행
공항철도 청라국제도시역 택시 ▶ 세어도 선착장(약 10분 소요)
자가운전 인천국제공항고속도로 ▶ 청라IC ▶ 세어도 선착장
해상교통 정서진호(행정선)는 만조시간에 따라 운항시간이 변경되니 배 시간을 확인해야 한다.
배 시간은 인천광역시 서구청 홈페이지(www.seo.incheon.kr)에서 확인할 수 있다.

너와 함께
인천 섬여행

지은이 양소희
디자인 편집 한지민
펴낸곳 여행연구소
감수 이현미
사진 김시우, 박동명, 이원용, 김정욱, 옹진군, 강화군, 인천시에서 도움을 주셨습니다.

초판 1쇄 발행 2016년 6월 9일

출판신고 2016년 2월 16일 **등록번호** 제25100-2016-000025호
서울특별시 은평구 통일로 635, 5층 503호 (녹번동, 녹번동 메카오피스텔)
Tel (02)743-6502 Fax (02)745-6567

인쇄제본 (주)신호인쇄 (02)6071-3770